幼儿园音乐教育活动与指导

王春云　张瑾昆　梁东确　主编

文化发展出版社
Cultural Development Press
·北京·

图书在版编目（CIP）数据

幼儿园音乐教育活动与指导 / 王春云，张瑾昆，梁东确主编．— 北京 ：文化发展出版社，2023.7

ISBN 978-7-5142-4041-2

Ⅰ．①幼… Ⅱ．①王… ②张… ③梁… Ⅲ．①学前教育－音乐教育－职业教育－教材 Ⅳ．① G613.5

中国国家版本馆 CIP 数据核字 (2023) 第 137703 号

幼儿园音乐教育活动与指导

王春云　张瑾昆　梁东确　主编

出 版 人：宋　娜

责任编辑：周　蕾　执行编辑：王雅文　责任校对：岳智勇

责任印制：邓辉明　封面设计：守正文化

出版发行：文化发展出版社（北京市翠微路 2 号 邮编：100036）

网　　址：www.wenhuafazhan.com

经　　销：全国新华书店

印　　刷：三河市新科印务有限公司

开　　本：787mm × 1092mm　1/16

字　　数：172 千字

印　　张：9.5

印　　册：3000

版　　次：2025 年 1 月第 1 版

印　　次：2025 年 1 月第 1 次印刷

定　　价：72.00 元

I S B N：978-7-5142-4041-2

◆ 如有印装质量问题，请电话联系：010-58484999

前　言

随着2022年新修订的《中华人民共和国职业教育法》的实施，职业教育在国家整个教育体系和社会中的地位与认知度得到了全面的提升，就业公平得到了保障。为了贯彻落实国家对职业教育的新要求，加快建设技能型社会的理念和战略的落实，提高幼儿园教师的培养质量，使之成为适应社会发展和幼儿园教育需求的高素质技能技术人才，我们编写《幼儿园音乐教育活动与指导》教材。

一、适用范围

本教材可作为职业院校学前教育专业课堂教学和实习实训使用的教学用书，或作为幼儿园教师进修及自我提升的教材。

本教材的编写依据职业院校教材规划、《全国大中小学教材建设规划（2019—2022年）》以及《职业院校教材管理办法》，参照《幼儿园教师专业标准（试行）》和《幼儿园教育指导纲要（试行）》，以培养高素质幼儿园教师为目标，结合幼儿园音乐教育领域的特性和岗位需求而编写，贯彻育人核心，服务于学生成长成才和就业创业。

二、编写原则

第一，导向性原则。

本教材坚持以思想价值引领为核心，明确学生的认知特点，系统分析习近平新时代中国特色社会主义思想对职业教育以及学前教育的实施要求，结合课程结构及内容，分类分段融入教材设计。

第二，准确性原则。

为了使本教材内容符合国家对职业教育和学前教育专业学生学习内容的基本要求，编组成员根据学生的职业面向，结合“幼儿园音乐教育活动与指导”课程的知识体系，重新编排结构，使之科学合理、梯度明晰，涉及的知识内容经过多方面论证及实践检验，运用图片、文字、表格等多种形式阐述知识与技能，语言表述规范。

第三，实用性原则。

一方面，本教材在结构重组过程中，结合岗位需求，坚持以系统化职业能力培养为依据，将幼儿园音乐领域的教育理论与实践技能相结合，开发了配套的信息化资源，形成理论模块与实践模块并行的教学体系。另一方面，本教材在编写伊始，整理、参考了实训基地的实习反馈和就业情况调查反馈，从音乐教育活动的实施逆推到知识与技能需求，经过筛选、融合，最终形成了实践性与职业性较强的“工具书＋工作手册”式的教材，提高了实用价值。

三、教材特色

第一，创新教学内容的结构模式与教学方法。

在整体结构模式上，教材的设计体现了音乐教育活动设计—实施—评价—反思的完整教育闭环。教材共分为两个模块，第一部分以章节的形式对音乐教育领域各活动内容的共性问题（设计、评价与反思）进行阐述，为活动的实施提供理论依据；第二部分主要运用CBL 教学法，以典型的音乐教育任务和活动案例为载体，以学生为主体，发挥教师的主导作用，引导学生思考、分析，从而强化知识点的学习，并提高学生分析问题和解决问题的能力。

第二，重新定义教材的使用价值。

本教材的编写摒弃了传统的以知识体系为依据的设计理念，采用以职业技能需求为依托的结构化、项目化设计思路，目的就是摒弃知识灌输式的教育模式，为学生创造充分的自主探索空间。本教材提供了配套的信息化教学资源和任务执行记录表，基本满足了教材的可听、可视、可练、可互动的数字化需求，拓展了教材的使用形式，提升了教材的使用效率。

第三，改善教材的育人模式。

结合学生的学习习惯，在教材编写过程中，摒弃了大篇幅文字，改用图片、表格等形式，提升学生的学习兴趣和效率，为课堂育人时效性的提高提供可能。教材还添加了“暂停反思”环节，并在每项任务最后设计了“自我评价”表格，引导学生在巩固学科内容的同时认识到自我反思的重要性。

四、教材使用建议

从学生的职业面向考虑，大多是以音乐为媒介对幼儿实施教育的过程，它不仅具有学科教育的教育属性，还具有音乐教育特性。一方面，考虑到教育实施的对象是幼儿，活动将以幼儿的认知特点和心理发展规律为前提，所以，建议先修课程包括学前教育学、学前心理学、幼儿教育心理学、幼儿教育法规与职业道德等相关内容；另一方面，要牢牢抓住音乐的学科特点展开教学活动，这就要求幼儿园教师具备一定的音乐学科知识与技能。

结合教材内容与结构特点，建议教师采用混合式教学手段，借助教材配套的信息化教学资源，课前由学生自主完成相关理论知识的学习，引发课堂内容的思考，课堂中注重理论的运用与实践，激发学生的求知欲望，引导学生积极探索，这也对学生的学习自觉性提出了较高的要求。

目　录

第一部分　基础理论

第一章
幼儿园音乐教育活动的设计

基础理论

第二章
幼儿园音乐教育活动的评价与反思

第一部分包含闭环式教学设计中的设计、评价与反思两个部分，主要介绍幼儿园各类音乐活动的设计、评价与反思的共性理论知识和方法，为第二部分的实践环节奠定理论基础。这部分内容以“章、节”体现知识层级，目的是在重组的知识结构中体现知识脉络，从而使知识结构和知识体系更清晰、更明确。

第一章主要是对幼儿园教师课前准备环节进行系统描述，对幼儿园教师教学设计的整体思路进行概述。内容的设计采取“回”字形的思路，在基本设计原则的基础上，从外到内逐渐细化，帮助学生逐步将理论基础运用到活动实践，如图 1–1 所示。

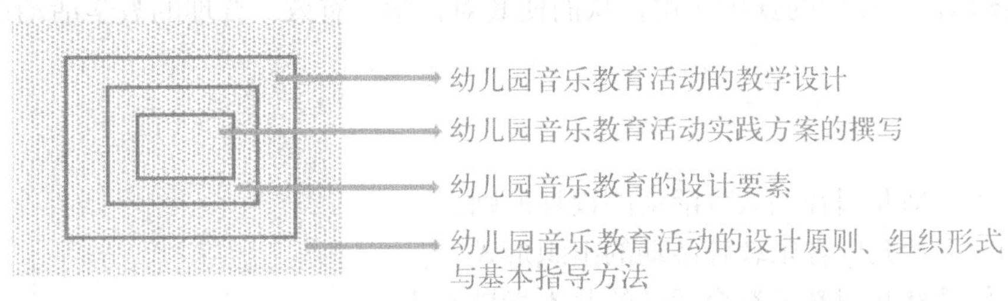

图 1–1　“回”字形思路

第二章主要是对幼儿园音乐教育活动评价与反思的内容、流程以及方法进行概述，引导学生以教师的身份进行全面的评价与反思。

第一部分内容采用学生线上学习和教师线上和线下答疑相结合的混合式教学形式，完成课前知识梳理、知识答疑，为第二部分实践过程中的理论应用奠定基础。

第一章　幼儿园音乐教育活动的设计

幼儿园音乐教育活动的设计
- 幼儿园音乐教育活动的设计原则、组织形式与基本指导方法
- 幼儿园音乐教育活动的教学设计与设计要素
- 幼儿园音乐教育活动实施方案的撰写

第一节　幼儿园音乐教育活动的设计原则、组织形式与基本指导方法

内容描绘

本节以表格的形式将幼儿园音乐教育活动的设计原则、组织形式与基本指导方法等理论知识进行提炼整理，对幼儿园音乐教育活动的设计原理进行清晰的呈现。结合案例分析引导学生体悟设计原理的具体应用，从而使其对科学、有效、合理的教学活动设计具有初步的认识。

学习目标

（1）了解幼儿园音乐教育活动的设计原则。
（2）掌握幼儿园音乐教育活动的组织形式。
（3）熟悉幼儿园音乐教育活动的基本指导方法。

幼儿园音乐教育活动的设计原则

幼儿园音乐教育活动的设计原则见表 1-1。

表 1-1　幼儿园音乐教育活动的设计原则

分类	内容
发展性原则	指教师在设计幼儿园音乐教育活动时，必须以幼儿的现有基础和能力水平为依据，着眼于促进幼儿身心的全面发展。在实践中包含以下两层含义： （1）在设计活动时，将活动的内容、方式与幼儿发展的目标联系起来。 （2）在设计活动时，将幼儿的现有基础与新活动提出的发展目标联系起来

续　表

分类	内容
互动性原则	指在幼儿园音乐教育活动设计中应采用“以教师为主导，以幼儿为主体”的师幼互动方式，调动幼儿对音乐的兴趣
适应性原则	指在设计幼儿园音乐教育活动时，活动内容与活动方式要相互适应
融合性原则	指运用各种教育与艺术形式所能提供的手段和方法，注意音乐领域内部各方面内容的联系，或不同领域间教育内容的联系，将相关内容融合起来设计幼儿园音乐教育活动，使幼儿获得整体性的全面发展
兼顾性原则	指教师在进行幼儿园音乐教育活动设计时，既要考虑全体幼儿的一般性发展需要，又要考虑满足个别幼儿的特殊发展需要。为此，教师在音乐教育活动中应注意： （1）向幼儿提供直接获得感性经验的机会，特别是通过倾听获得听觉经验的机会。 （2）向幼儿提供运用多种感知通道的机会，除听觉外，身体的大肌肉动作是帮助幼儿感受和理解音乐的重要媒介。 （3）向幼儿提供更多的情感体验和情感表达的机会。因为音乐作为一种情感艺术，失去情感也就失去其最重要的价值，而幼儿作为最容易受到情绪感染的个体，也更需要从亲身的情绪体验和表达中去认识音乐的价值。 （4）向幼儿提供具有完整审美意义的艺术形象

幼儿园音乐教育活动的组织形式

教育活动组织形式是指根据一定的教育目的、教育内容以及教育主客观条件，组织安排教育活动的方式。幼儿园音乐教育活动的组织形式包括专门的音乐教育活动和渗透性的音乐教育活动两类，见表 1–2。

表 1–2　幼儿园音乐教育活动的组织形式

分类		内容
专门的音乐教育活动	主题性音乐教育活动	所谓主题性音乐教育活动是根据某一阶段幼儿园全面教育内容的需要，确定一个教育主题，围绕这一主题选择与主题内容有关的音乐素材并加以组织的音乐活动
	单元性音乐教育活动	单元性音乐教育活动是对幼儿园音乐领域内容进行综合的教育活动。即在某一单元的时间内，有目的、有计划、有针对性地围绕某一音乐要素，综合听、唱、说、动、奏等音乐实践，组织丰富多样的音乐教育活动，加深幼儿对音乐的感受和理解
	常规性音乐教育活动	常规性音乐教育活动是幼儿园音乐教育活动中最传统、最为常见的一种组织形式，是充分体现音乐艺术特点，最有效地发挥音乐活动审美教育功能必不可少的一种组织形式 常规性音乐教育活动一般由三个环节组成，这三个环节即所谓“三段式”，分别为开始部分、基本部分、结束部分
渗透性的音乐教育活动		所谓渗透性的音乐教育活动，是指除专门的音乐教育活动以外，随机、灵活地渗透在幼儿的一日生活及其他教育活动之中的丰富多样的“隐性”的音乐教育活动

幼儿园音乐教育活动的基本指导方法

幼儿园音乐教育活动的基本指导方法见表 1–3。

表 1–3　幼儿园音乐教育活动的基本指导方法

观察模仿学习	从社会建构的立场上看，观察模仿学习是探究创造学习的基础，在音乐教学中，观察模仿学习就是幼儿先认真观察教师的示范，然后再进行模仿和练习的学习方式
探究创造学习	探究创造学习，就是幼儿在教师提供的范例或问题情境的启发下，创造性地进行表达的学习方式
解决问题学习	解决问题的学习过程需要教师悉心引导和指导才能够维持。与前面两种学习不太相同的是，真正的问题应该是幼儿认可并主动愿意面对的。一般可以分成两个角度：一是课前预成的问题和课上生成的问题；二是教师引发的问题和幼儿引发的问题

案例分析

【案例 1】

中班歌唱活动《扮家家》

一、活动目标

①通过活动对幼儿进行情感教育。

②能根据歌曲创编表演动作。

③感受歌曲中的说唱情趣，能根据角色较准确地唱出歌曲中的接唱与齐唱部分。

二、活动准备

音乐磁带、玩具娃娃。

三、活动过程

（一）开始部分

组织教学，幼儿边听音乐边进入活动室坐好。

（二）基本部分

1. 谈话导入，引起幼儿学习兴趣

出示小客人。

师：小朋友都玩过扮家家吗？扮家家里都有谁啊？做了什么事情呢？（教师有意识地渗透歌词内容）

2. 教师清唱，让幼儿倾听歌曲、理解歌词

师：这个布娃娃把扮家家的游戏编成了一首歌曲，小朋友一起来听听吧。

①教师清唱，声音响亮、清晰。

②请幼儿集体朗诵一遍歌词。

师：歌曲唱完了，你们都听到了什么啊？（引导幼儿回忆歌词，帮助幼儿理解歌词）

3. 播放歌曲，进一步感受歌曲

师：小朋友的耳朵真厉害，这首歌曲很好听，我们再来听一遍吧。（引导幼儿仔细倾听歌曲）

4. 教师弹琴，教唱歌曲一遍

①教师对幼儿提出要求，布娃娃要听听哪个小朋友唱得声音又大又好听。

②分角色唱歌曲。请男孩唱“我来做爸爸”，女孩唱“我来做妈妈”，其余部分小朋友一起唱。反复唱两遍。

5. 根据歌词创编动作

①引导幼儿边唱歌曲，边表演动作。

师：小朋友，炒小菜用什么动作表示？喂饭怎么做？

②请幼儿自由创编动作，请表演好的幼儿表演一遍。

③全体幼儿边听音乐边表演。

6. 试替换歌词

①师：小朋友，炒小菜还可以是什么菜呢？幼儿互相讨论（花菜、芹菜等），那我们把它变一变（教师示范替换）。

②教师弹琴，幼儿边唱边替换歌词，让幼儿体验替换歌词的乐趣。

（三）结束部分

教师小结：今天小朋友们表现得非常棒，客人布娃娃要分给你们每人一个小礼物，我们到区角继续玩扮家家吧。

四、活动延伸

在区角活动中，放上各种塑料蔬菜和娃娃等用具，幼儿可以随时边玩边唱《扮家家》。

问题：分析上述案例，思考运用了哪种幼儿园音乐教育活动的组织形式。

【案例 2】

小班歌唱活动《我有小手》

基本部分：新歌词创编学习

(1) 观察：教师表演歌曲第一段：我有小手我拍拍拍。幼儿观察教师的动作，感受动作与歌词的关系。

(2) 启发：我们还可以拍打身体哪些部位呢？幼儿开始尝试。

（评析：在教师的启发下逐渐发现——身体部位可以成为变化拍打动作的一种思路，然后应用到自己的创造实践中。）

(3) 跟进：跟随教师的演唱做不断提出的新动作。(2 ～ 3 个）

(4) 迁移：在教师的语言和动作提示下，幼儿尝试做一些新动作，如捏、锤、戳……

(5) 巩固：跟随教师的演唱，做不断提出的新动作。(2 ～ 3 个）

(6) 迁移：在教师的语言和动作提示下，提议新的用手做的其他事情，如弹琴、拍球……

(7) 巩固：跟随教师的演唱，做不断提出的新动作。(2 ～ 3 个）

（评析：大约到第五步骤时，大多数幼儿就能够在教师的语言或体态语的邀请鼓励下，跟随教师演唱歌曲了。）

问题：分析上述案例，思考运用了哪种幼儿园音乐教育活动的指导方法。

知识汇总

（1）幼儿园音乐教育活动的设计原则：发展性原则、互动性原则、适应性原则、融合性原则、兼顾性原则。

（2）幼儿园音乐教育活动的组织形式：专门的音乐教育活动（主题性音乐教育活动、

单元性音乐教育活动、常规性音乐教育活动）和渗透性的音乐教育活动。

（3）幼儿园音乐教育活动的基本指导方法：观察模仿学习的基本指导方法、探究创造学习的基本指导方法、解决问题学习的基本指导方法。

知识拓展

（1）教育活动的组织与实施过程是教师创造性地开展工作的过程。教师要根据《幼儿园教育指导纲要（试行）》，从本地、本园的实际出发，结合本班幼儿的实际情况，制订切实可行的工作计划并灵活地执行。

（2）教育活动内容的组织应充分考虑幼儿的学习特点和认识规律，各领域的内容要有机联系，相互渗透，注重综合性、趣味性、活动性，寓教育于生活、游戏之中。

（3）教育活动的组织形式应根据需要合理安排，因时、因地、因内容、因材料灵活地运用。

第二节　幼儿园音乐教育活动的教学设计与设计要素

内容描绘

本节从完整的教学设计到具体的活动设计，从宏观到微观两个层面对幼儿园音乐教育活动的设计流程逐一进行概述和分析，既立足于幼儿园的培养又关注幼儿的审美体验。贯彻“面向全体幼儿”的教育观，针对他们的不同特点和需要，通过案例分析对整个设计流程进行体验和实践，让每个幼儿都得到美的熏陶和培养。

学习目标

（1）理解幼儿园音乐教育教学设计与活动设计的关系。

（2）领会幼儿园音乐教育教学设计的构思设计意图。

（3）掌握幼儿园音乐教育活动各环节的设计思路。

幼儿园音乐教育活动的教学设计

教学设计是指依据一定的教育学理论和学习理论，对教学目标、教学内容、教学策略、教学评价等环节进行具体设计，形成完整的“教、学、练、评”的互动系统。教学设计流程如图 1–2 所示。

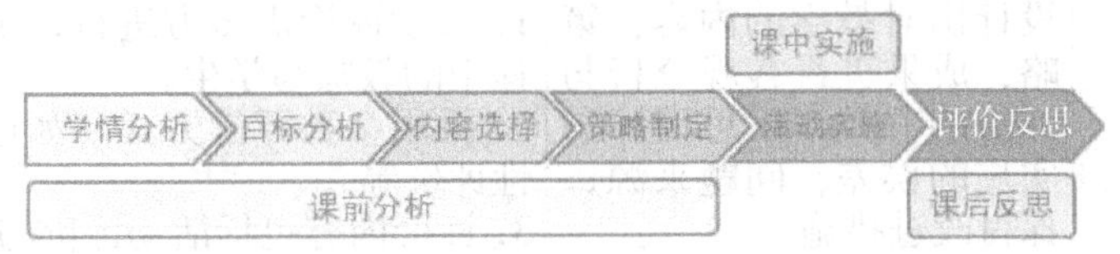

图 1–2　教学设计流程

如图 1–2 所示，从左至右依次为教学设计的各个环节。科学合理的教学设计要求幼儿教师必须掌握幼儿园教育相关理论，如学前教育学、学前心理学、幼儿教育心理学等，为幼儿音乐教学设计提供理论基础。

教学设计是幼儿园教师根据国家教育目标和幼儿的发展水平与需求，选择教育内容，制订活动计划的过程，既是全面的、完整的，又是具体的、客观的。教学设计的每一个环节都有其特有的价值和设计要求，见表 1–4。

表 1–4　教学设计流程及其要求

流程	要求	说明
学情分析	客观分析幼儿的能力发展、学习特点、认知规律等，详细分析幼儿整体与个体情况，判断幼儿发展的动态和趋势	1. 音乐能力发展（参考附录 2 幼儿音乐能力发展阶段与特点）。 2. 学习能力包括观察、模仿、分析、迁移、创造等能力。 3. 详细分析幼儿心理、动作和语言、认知、情绪、社会性、个性的发展
目标分析	依据 1：幼儿音乐能力发展的特点和规律。 依据 2：社会对幼儿音乐教育的要求。 依据 3：幼儿音乐教育学科本身的特性	1. 明确幼儿现有水平与“最近发展区”，确定幼儿可开发潜能和可接受的教育程度。 2. 从政治、经济、文化、人才四个方面对社会要求进行分析。 3. 从音乐学科结构、教育价值等方面进行特性分析
内容选择	从两个维度进行分析： 1. 教学内容的分析：教材分析、音乐教育活动内容分析、音乐材料分析。 2. 教学重点和难点的分析	内容选择的原则： 1. 既适合幼儿的现有水平，又有一定挑战性； 2. 既符合幼儿的现实需要，又有利于其长远发展； 3. 既贴近幼儿生活中感兴趣的事物和问题，又有助于拓展幼儿的经验和视野
策略制定	1. 组织形式； 2. 教学方法； 3. 教学资源； 4. 教学情境	1. 教师主导：情境创设、直观演示、节奏朗诵、提问、讲授等方法。 2. 幼儿主体：角色扮演、模仿学习、预知学习、整体感知等方法
活动实施	确定活动实施的环节，明确环节设计意图，结合实施策略设计活动过程，详细描述教师与学生的活动	体现以学生为主体，详尽描述活动过程，突出重点、突破难点。 注意对幼儿学习过程的分析与设计

续 表

流程	要求	说明
评价反思	设计出对教学的内容、策略、成果进行客观分析与评价的方式，反思设计与实施的误差、问题来源，探讨改进措施	1. 教学评价需多方进行，不应局限于教学过程中的教师与学生。 2. 采用多种评价方式，如过程性评价、增值性评价等。 3. 评价内容包括活动评价与学生评价

幼儿园音乐教育活动的设计要素

活动是幼儿发展的基础和源泉，对幼儿成长有着重要的价值。音乐教育活动中包含着很多极具发展价值的幼儿活动，能够使幼儿内部活动（生理、心理活动）和外部活动（可见的幼儿的实践活动）交融在一起，以幼儿为主体，以适合幼儿的音乐为客体，通过教师的设计与指导，使主体与客体相互作用，从而对幼儿实施全面的、具有发展性的教育影响。

活动设计主要是围绕活动目标，针对某一个或几个具体的活动进行设计，主要体现在教学设计的活动实施部分。活动过程的基本环节如图 1–3 所示。

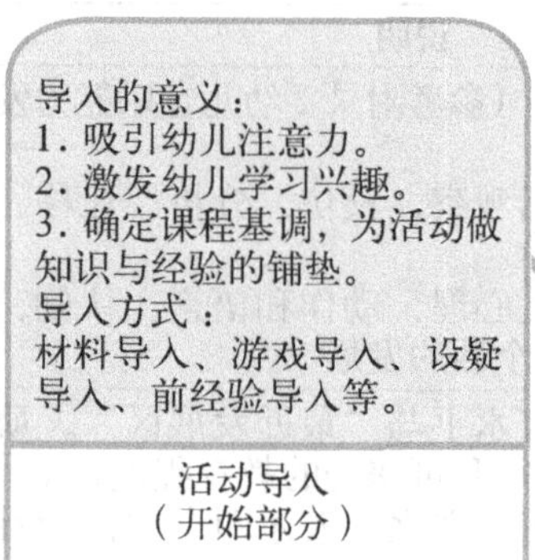

图 1–3　活动过程的基本环节

活动的具体实施见表 1–5。

表 1–5　活动的具体实施

一、活动导入			
活动类型	方式	适用条件	方法
歌唱活动	由动作开始	词曲简单，多重复，歌词动作性较强的歌曲	A. 教师直接展示动作或动作游戏，幼儿模仿时开始演唱或为儿童伴唱。 B. 教师提出某种形象或活动，邀请幼儿模仿，模仿时演唱或伴唱
	由歌词创编开始	词曲、结构简单，多重复	A. 教师直接提供歌词，边唱边表演，提高学生的兴趣，引导学生记忆 B. 教师创设情境，引导幼儿讲述，并由教师组织成歌词并演唱
	由情境表演开始	歌词反映情境	A. 教师表演，用象征性的动作表述全部歌词 B. 教师事先邀请一位儿童准备好一套表演

续　表

<table>
<tr><th colspan="4">一、活动导入</th></tr>
<tr><td>活动类型</td><td>方式</td><td>适用条件</td><td>方法</td></tr>
<tr><td rowspan="4">歌唱活动</td><td>由故事讲述开始</td><td>歌词含有完整故事</td><td>A. 教师讲故事（可配图）
B. 教师与幼儿一起讲故事：教师指着图片讲故事，同时与小朋友交流，如提问、猜想等</td></tr>
<tr><td>由歌词朗诵开始</td><td>1. 歌词稍复杂，有较弱的情境性、故事性；
2. 诗词</td><td>第一阶段：把幼儿的注意力集中在歌词的音韵节奏等方面的特殊审美特征上。
第二阶段：将幼儿的注意力集中在曲调和词曲的关系上</td></tr>
<tr><td>由游戏开始</td><td>游戏歌曲或适合游戏的歌曲</td><td>在游戏时有意识地教唱，学生在游戏的过程中自然而然地学会歌唱</td></tr>
<tr><td>由直观形象开始</td><td>歌词含义不够明确，顺序容易混淆</td><td>借助图片、玩偶等直观形象帮助幼儿学习。
注意：突出顺序、重点、关系、结构、情节</td></tr>
<tr><td rowspan="8">韵律活动</td><td>方式</td><td colspan="2">内容与方法</td></tr>
<tr><td>从队形开始</td><td colspan="2">从基本队形学习开始到集体舞蹈教学，帮助幼儿迅速了解舞蹈整体轮廓，形成舞蹈形象的整体感知和与众多同伴共舞的集体感</td></tr>
<tr><td rowspan="5">从“动作”开始</td><td>1. 从“动作观察”开始</td><td>可以观察实物、直观教具、影像制品、舞蹈作品等</td></tr>
<tr><td>2. 从“动作模仿”开始</td><td>可以模仿教师、同伴、其他人或事物塑造的形象和运动方式</td></tr>
<tr><td>3. 从“动作迁移”开始</td><td>以多种形式展开已有经验动作的回忆</td></tr>
<tr><td>4. 从“动作探索”开始</td><td>通常从“提问式的教学引导”开始，教师在提问后鼓励幼儿尝试，反馈幼儿的尝试，组织幼儿交流和帮助幼儿分析整理探索的规律</td></tr>
<tr><td>5. 从“动作创编”开始</td><td>强调幼儿在其中学习创编的知识和技能，探讨创作所追求的审美标准，掌握更多动作表达的字、词、句、段落、篇章语汇。虽然这种活动很可能是从动作探索开始，但以后教师会有更多的参与和指导</td></tr>
<tr><td>从“音乐”开始</td><td colspan="2">1. 从音乐的某一元素开始，如“声势节奏”“语音节奏”。
2. 从音乐的某一局部开始，如“动机”“乐句”。
3. 从音乐伴随的画面欣赏开始，如“舞蹈表演”“配乐美术作品”“动画片”</td></tr>
<tr><td rowspan="3">打击乐活动</td><td>方式</td><td colspan="2">适用条件</td></tr>
<tr><td>总谱导入</td><td colspan="2">1. 总谱学习导入：适用于较复杂、完善的打击乐作品。
2. 总谱创编导入：适用于原设计较简洁，有更多创编空间的打击乐作品</td></tr>
<tr><td>主要声部导入</td><td colspan="2">1. 主要声部学习导入：适用于有主次两个声部，且主要声部较复杂、完善的打击乐作品。
2. 主要声部创编导入：适用于有主次两个声部，且主要声部较简洁，有更多创编空间的打击乐作品</td></tr>
</table>

续 表

一、活动导入			
活动类型	方式	适用条件	方法
打击乐活动	其他内容导入	1. 音乐欣赏导入：适用于具有欣赏价值的音乐作品或具有欣赏能力的幼儿。 2. 故事导入：适用于形象性或情节性较强的打击乐作品。 3. 韵律活动导入：适用于适合改编成打击乐曲的韵律活动乐曲。 4. 歌唱活动导入：适用于适合改编成打击乐曲的歌曲	
音乐欣赏活动	从完整作品开始	作品结构简单、清晰	
	从音乐元素开始	作品结构稍复杂，比较注重细节的感知体验。比如从一个节奏、一个旋律动机、一个乐句或乐段等开始	
	从辅助性材料开始	具有较明确的目标。比如从音乐领域其他内容、其他领域或故事等其他材料开始	
二、活动展开			
歌唱活动	感受 → 学唱歌曲；动作 → 音乐；动作 → 音乐 → 徒手演奏 → 随乐演奏；多渠道感知 → 巩固拓展		
韵律活动			
打击乐活动			
音乐欣赏活动			
三、活动结束			
自然结束	教师直接告知幼儿活动结束，带领学生整理活动材料		
总结式评价结束	教师用简洁、精练的语言对活动核心内容进行总结，对活动过程及结果进行评价		
后续延伸式结束	教师根据活动重点在此设置疑问，激发幼儿继续学习的欲望		

知识汇总

幼儿园音乐教育活动设计流程如图 1–4 所示。

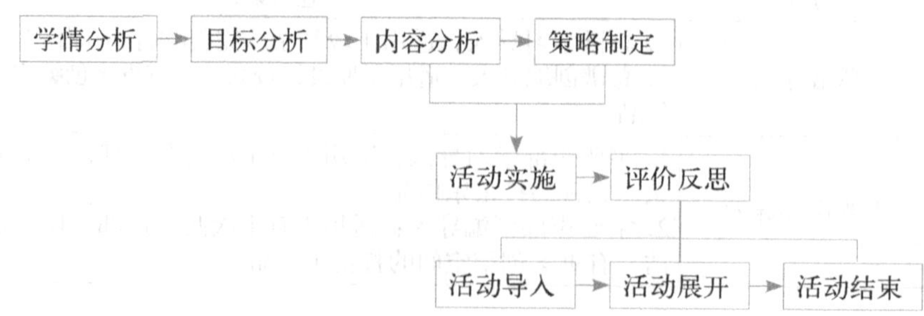

图 1–4　幼儿园音乐教育活动设计流程

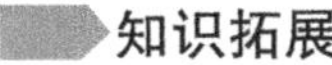知识拓展

一、幼儿园音乐教育的目标层次

幼儿园音乐教育目标具有层次性和有序性，由总目标向年龄阶段目标再向单元目标最后向活动目标逐级转化。所以，作为教育者，需把握好各层级的内涵和相互关系，努力完成好每一个低层次的目标，才能实现最高层次的总目标。幼儿园音乐教育的目标层次见表 1–6。

表 1–6　幼儿园音乐教育的目标层次

目标分类	内容
总目标	对学前儿童音乐教育最终结果的期望，是层次最高的中长期发展目标
年龄阶段目标	根据学前儿童音乐教育总目标而制定，是针对幼儿园大、中、小班不同年龄阶段所确立的中短期发展目标
单元目标	1. 时间单元目标：一定的时间范围内所要达到的目标。 2. 主题单元目标：一系列有关联的主题活动所要达到的目标
活动目标	某一具体的音乐教育活动所要达到的目标

二、音乐活动游戏化

游戏是一种愉快的活动，幼儿在游戏中的学习是自发的、自愿的，所以音乐活动游戏化是幼儿获得知识和技能的最有效手段。游戏化并不是真正意义上的游戏，而是以游戏的形式潜移默化地完成教育目标，而对于幼儿来说，这不仅是一种学习活动，也是一种积极的情感体验。音乐活动游戏化的具体内容见表 1–7。

表 1–7　音乐活动游戏化的具体内容

<table>
<tr><td>步骤</td><td colspan="3">熟悉音乐→学习游戏角色动作、分段表演→交代游戏规则→带领幼儿游戏</td></tr>
<tr><td rowspan="2">教师角色</td><td>直接参与者</td><td>教师选择教学性、趣味性的内容，以游戏带头人或共同游戏者的身份参与，游戏过程注重音乐体验，给幼儿创造充分的表现机会</td><td rowspan="4">教师介入的方法：
1. 参与式：教师以游戏者的身份介入幼儿游戏。
2. 提供材料：教师通过为幼儿提供材料激发幼儿的兴趣，促进游戏顺利进行。
3. 语言指导：教师通过运用“询问式”“建议式”“鼓励式”“澄清式”“邀请式”“角色式”“指令式”等不同形式的语言指导幼儿游戏。鼓励式的语言有时能潜移默化地影响幼儿的行为，从而帮助幼儿根据游戏的需要自主地对游戏的内容进行调整</td></tr>
<tr><td>间接参与者</td><td>教师提供游戏材料，创设音乐环境，幼儿自发地、随机地进行游戏，教师间接指导，尽量不干涉幼儿游戏</td></tr>
<tr><td rowspan="2">指导原则</td><td colspan="2">尊重幼儿的自主性</td></tr>
<tr><td colspan="2">以幼儿为主体，从幼儿的身心特点出发，以促进幼儿发展为目的</td></tr>
</table>

1. 注重保护幼儿的好奇心，培养幼儿的想象力，发掘幼儿的兴趣爱好。

2. 重视环境和游戏对幼儿发展的独特作用，创设富有教育意义的环境氛围，将游戏作为幼儿的主要活动。

参考《幼儿园教师专业标准（试行）》

第三节　幼儿园音乐教育活动实施方案的撰写

内容描绘

本节内容的学习以了解教学设计相关知识为前提，内容涵盖幼儿园音乐教育活动实施方案的撰写思路、要素和表达方式的分析和概述，课前准备、课中实施和课后延伸部分内容与方法的撰写的具体介绍。通过案例分析强化知识记忆、促进知识内化，在分析、判断、解决问题的过程中完善知识结构，逐渐形成网状思维，最终落实到活动实施、全过程。

学习目标

（1）能根据设计原则，结合设计意图，确定活动内容与活动目标。

（2）能选用合适的组织策略，设计幼儿园音乐教学活动。

（3）能客观分析并尝试设计和撰写幼儿园音乐教育活动实施方案。

幼儿园音乐教育活动实施方案的内容

幼儿园音乐教育活动实施方案就是我们常说的教案，是幼儿园教师为了顺利而有效地开展教学活动，经过系统的教学设计，撰写而成的一种实用性的教学文书，它是对活动名称、活动目标、活动准备、活动过程、活动延伸的具体设计和描述。

一、活动名称

写明年龄班（小班、中班、大班）、教育领域（音乐）或具体活动内容（歌唱、韵律、打击乐、欣赏）、具体名称，书写时注意位置居中。如中班音乐活动《春天》、中班歌唱活动《迷路的小花鸭》、大班韵律活动《快乐的小雪花》。

二、活动目标

活动目标是对活动所要达到的效果的预期标准，也是活动展开的依据，它决定着活动的内容和实施策略。在活动目标设计与撰写时应遵循系统化和行为化原则。活动目标的设计如图 1–5 所示。

图 1–5　活动目标的设计

活动目标的撰写从三个方面展开：情感目标、认知目标、能力目标。我们可以参考《教育目标分类学》的教育目标分类方法和标准，结合撰写原则进行目标分类和表述，目标的表述采取“结果动词 + 目标元素”的形式。活动目标的撰写见表 1–8。

表 1–8　活动目标的撰写

目标分类	内容与形成过程	结果动词	举例
情感目标	包括：兴趣、态度、习惯、价值观的形成与发展目标 将特殊对象、现象或行为与一定的价值标准相联系，并将许多不同的价值标准组合在一起，建立个人的价值体系，逐渐形成个人品行。 不仅愿意注意特殊的现象或刺激，而且主动参与并做出反应。 03 内化 02 反应 01 接受 愿意注意特殊的现象或刺激。	01 体验、体会、感受等	通过“我说你画”的游戏，体会与同伴互动的快乐
		02 愿意、喜欢、主动参与等	喜欢与同伴一起歌唱，并注意使自己的歌声与同伴协调一致
		03 懂得、知道（价值观）等	在欣赏与讨论活动中，愿意与大家分享观点，懂得倾听他人的建议
认知目标	包括：知识的理解、掌握或回忆、再认 理解与记忆 初步领会某些事物，记忆或回忆起	理解、了解、掌握、学会、记忆、知道（知识）等	通过图片和小蝌蚪找妈妈的故事线索记忆歌词

续 表

目标分类	内容与形成过程	结果动词	举例
能力目标	包括：音乐能力、学习与认知能力、其他能力 01 音乐能力：歌唱技能、身体动作技能、乐器操作技能、音乐审美能力 02 学习与认知能力：认知能力、观察模仿能力、解决问题能力、比较分析能力、推理能力 03 其他能力：创造能力、合作能力、交往能力、表达能力	具备……能力、能够……	01 ①能够用明亮的声音演唱《国旗国旗多美丽》，表现身为中国人的骄傲和自豪。 ②具备用身体动作表达音乐结构的能力； 能够随音乐旋律用踏步和走路的动作表现音乐ABA的结构。 ③熟悉旋律，能够用木鱼随乐演奏 02 借助故事和音乐游戏，聆听音乐，判断乐曲的节拍和结构。 03 ①愿意接受他人的建议和想法，能愉快地进行集体表演。 ②能够自信、大方地演唱

三、活动准备

活动准备是保证音乐教育教学活动顺利实施的前提，对教学活动的进程和实施效果有着直接的影响。活动准备包括物质准备和经验准备两个方面。

物质准备，指可见的教学活动实施所必需的活动材料，如教具、学具等，撰写时需清晰描述活动材料的类型和数量。

经验准备，指幼儿已经具备的知识经验或生活经验，这就要求幼儿教师对本班幼儿已经具备的经验水平有所了解。

四、活动过程

活动过程是对活动设计的完整呈现，体现教学设计中的策略制定与活动实施。活动过程的设计应注重综合性、趣味性、活动性，注重幼儿的审美体验，体现出以学生为主体，激发幼儿学习的主动性、积极性、创造性，尊重幼儿的学习心理。撰写时需详细描述环节内容及要点，规范教师语言。

五、活动延伸

活动延伸是指活动结束以后，为了更好地实现活动目标，巩固幼儿所学的知识与技能，强化幼儿的情感体验而设计、实施的辅助活动。活动延伸的展开可以在所属活动课时内，也可以在幼儿园集体活动或家庭和社会活动中。

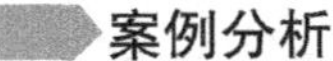
案例分析

【案例】

中班歌唱活动《迷路的小花鸭》

一、活动目标

情感目标：懂得外出必须和大人在一起，遇到问题和困难要想办法解决。

认知目标：借助图片及教师的引导，理解歌词内容。

能力目标：学会演唱歌曲，能用连贯哀伤和跳跃欢快两种方式表现歌曲的两段不同情感。

二、活动准备

物质准备：池塘、柳树、哭泣的小花鸭、小朋友的图片。

经验准备：有连贯歌唱和断顿歌唱的经验。

三、活动过程

（一）教师讲述《迷路的小花鸭》的故事，吸引幼儿注意力，引入活动内容

师：鸭妈妈带着可爱的小花鸭去郊外游玩，小花鸭开心极了。它对外面的一切都非常好奇，跑到这边看一看，跑到那边瞧一瞧，乐在其中。渐渐地，它离妈妈越来越远，当它想到妈妈的时候，发现妈妈已经不在它身边了。小花鸭不认识路，急得在池塘边的柳树旁哭着喊妈妈。一个小朋友刚好从这里路过，抱起伤心的小花鸭将它送回了家。

（二）感受旋律，理解、记忆歌词

(1) 教师边演唱边出示图片（池塘、柳树、哭泣的小花鸭、小朋友），帮助幼儿建立歌词形象。

(2) 教师边演唱边将图片按顺序播放，并保留到同一画面（一段一行，最后出示整合的图片），帮助幼儿厘清歌词的逻辑关系，便于理解和记忆。

(3) 展开“填词游戏”，强化记忆。

①教师分别去掉柳树和小花鸭图片，提示并由学生填词，教师演唱。

教师借助图片，通过提问引导幼儿回忆歌词内容。

（根据幼儿回答逐一提问：池塘边有一棵什么树？有一只什么小动物？它很伤心地在哭泣，它哭的时候是怎样叫的？它在叫谁？）

教师结合手势帮助幼儿准确演唱“嘎嘎嘎嘎”部分歌词。

师：小花鸭嘎嘎嘎地哭着在说什么呢？（叫妈妈）

②教师带领幼儿结合图片提示，完整演唱第一段。

③同样以填词和提问的方式学唱第二段。

(4) 教师带领幼儿结合图片提示，完整演唱第二段。

（三）分析歌曲，表达情感

(1) 逐句分析旋律，带领幼儿齐唱。

师：我们知道空拍是不演唱的，所以我们可以用断顿的方式演唱第一句。

根据幼儿演唱情况继续分析：描述的整句话我们可以唱得连贯些。

(2) 分析歌词情感，带领幼儿齐唱。

师：小花鸭迷路了，所以它很伤心，我们在演唱时尽量用哀伤连贯的声音。

根据幼儿演唱情况继续分析：小朋友的出现让小花鸭很开心，他帮助小花鸭找到了妈妈，所以我们演唱时要充分地表现出我们的快乐。

（四）教师以鸭妈妈的角色带领幼儿演唱

(1) 教师边讲故事边带领大家熟悉表演动作。

(2) 师生齐唱，同时教师带领两位小朋友演唱。

(3) 教师通过小花鸭的故事告诫小朋友们，不可以乱跑，外出必须和大人在一起，同时借助故事引导幼儿遇到问题和困难要想办法解决。

四、活动延伸

回家给父母和其他好朋友讲述《迷路的小花鸭》的故事。

问题：

问题一：请分析并归纳案例格式。

问题二：案例中涵盖了哪些教学实施方案的基本要素？是否完整？

问题三：你能将活动过程的三个部分找出来吗？

问题四：为了达到教学目标，活动过程采取了哪些教学策略？

问题五：你能推断出活动的重点和难点吗？是如何突出重点，突破难点的？

知识汇总

幼儿园音乐教育活动设计的内容如图 1–6 所示。

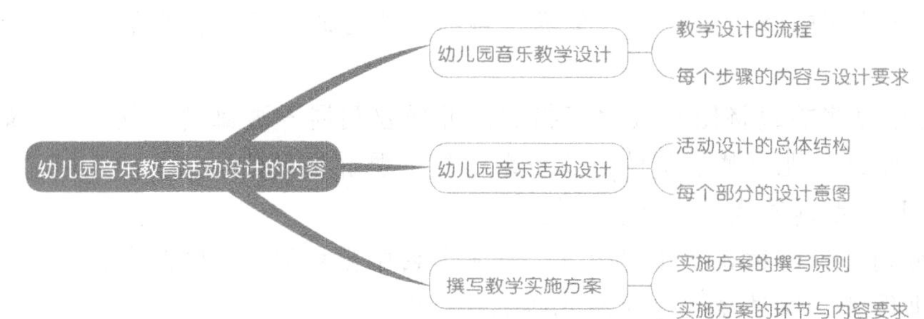

图 1-6　幼儿园音乐教育活动设计的内容

幼儿园音乐教育活动设计的流程如图 1–7 所示。

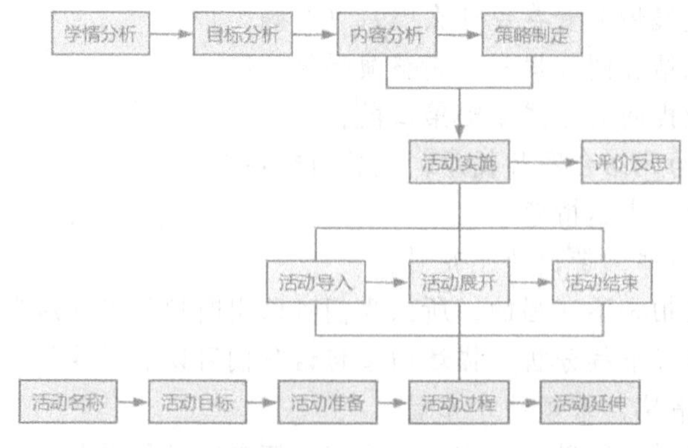

图 1–7　幼儿园音乐教育活动设计的流程

知识拓展

《教育目标分类学》的目标分类见表 1–9。

表 1–9　《教育目标分类学》的目标分类

目标分类	等级	内涵
认知领域	知识	具体知识或抽象知识的辨认
	领会	对事物的领会，但不要求深刻领会，而是初步的
	应用	对所学习的概念、法则、原理的运用，是初步的直接应用，而不是全面地、通过分析综合地运用知识
	分析	把材料分解成它的组成要素部分，从而使各概念间的相互关系更加明确、材料的组织结构更为清晰，详细地阐明基础理论和基本原理
	综合	以分析为基础，全面加工已分解的各要素，并再次把它们按要求重新地组合成整体，以便综合地、创造性地解决问题
	评价	综合内在与外在的资料、信息，做出符合客观事实的推断
情感领域	接受	学生愿意注意特殊的现象或刺激
	反应	学生主动参与学习活动并从中得到满足
	评价	学生将特殊对象、现象或行为与一定的价值标准相联系，对所学内容在信念和态度上表示正面肯定
情感领域	组织	将许多不同的价值标准组合在一起，消除它们之间的矛盾和冲突，并建立内在一致的价值体系
	个性化	个体通过学习，经由前四个阶段的内化之后，形成一定的价值观，并融入性格结构之中
动作技能领域	知觉	学生通过感官，形成调节心理和情绪的能力
	定式	在这个阶段，学生必须从心理、情绪等方面做好学习的准备
	指导下的反应	在教师的指导下，形成动作技能的反应，包括模仿和尝试错误
	机械动作	学生能熟练完成动作
	复杂的外显反应	包含复杂动作模式的熟练操作。操作的熟练性以精确、迅速、连贯协调和轻松稳定为指标
	适应	学生能根据特殊的设施或满足具体情境的需要修正自己的动作模式
	创新	根据在动作技能领域中形成的理解力，创造新的动作模式以适合具体情境

幼儿艺术活动的能力是在大胆表现的过程中逐渐发展起来的，教师的作用应主要在于激发幼儿感受美、表现美的情趣，丰富他们的审美经验，使之体验自由表达和创造的快乐。在此基础上根据幼儿的发展状况和需求，对表现方式和技巧给予适时适当的指导。

参考《幼儿园教师专业标准（试行）》

第二章　幼儿园音乐教育活动的评价与反思

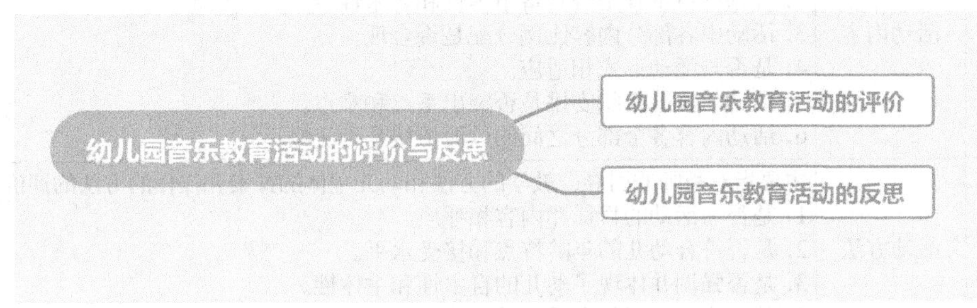

第一节　幼儿园音乐教育活动的评价

教育活动的评价是幼儿园教育工作的重要组成部分，是了解教育的适宜性、有效性，调整和改进工作，促进每一个幼儿发展，提高教育质量的必要手段。对幼儿音乐教育活动进行科学的评价，能够使音乐教育实践工作得到有效的改进和提高。

内容描绘

本节将围绕幼儿园音乐教育活动的评价展开。通过了解什么是幼儿园音乐教育活动的评价，了解幼儿园音乐活动评价的要素、评价类型与评价方法，构建起幼儿园音乐活动评价体系的知识框架，使我们能够结合实际的活动内容对幼儿园音乐教育活动进行科学合理的评价，从而促进教学质量的提升。

学习目标

（1）熟悉幼儿园音乐活动的评价要素。

（2）掌握对幼儿园音乐教育活动进行评价需要综合哪些内容。

（3）理解不同的评价类型和评价方法，能够从不同的角度对幼儿园音乐教育活动进行评价。

幼儿园音乐教育活动的评价要素与评价内容

幼儿园音乐教育活动的评价是一种整体性的评价，它不仅包括对幼儿音乐学习结果和幼儿发展状况的测量和评价，也包括对音乐教育本身价值以及音乐教育活动中教师的观念态度、活动的组织形式、教学目标的适宜程度、师幼互动的质量等的评估。幼儿园音乐教育活动的评价要素与评价内容见表 1−10。

表 1–10　幼儿园音乐教育活动的评价要素与评价内容

评价要素		评价内容
活动方案的评价	活动目标	1. 是否与音乐教育的总目标、年龄阶段目标以及单元目标有紧密的联系。 2. 是否涵盖了情感、认知、能力三方面的要求。 3. 是否与幼儿的实际情况相适应。 4. 是否明确、具体，是否具有可操作性
	活动内容	主要指对活动内容的选择、设计、组织方面的评价： 1. 是否与活动目标、活动所涉及的范围与领域、幼儿的能力发展水平相一致。 2. 音乐材料本身是否具备审美性和艺术性。 3. 活动中各部分内容比例分配是否合理。 4. 是否与活动形式相适应。 5. 活动内容的组织安排是否突出重点和难点。 6. 活动内容各个部分之间的过渡衔接是否流畅
	活动方法	主要指对教师的引导、教学的方法和幼儿主体的探索和操作的方法的评价： 1. 是否与活动的目标和内容相呼应。 2. 是否符合幼儿的年龄特点和接受水平。 3. 是否强调并体现了幼儿的自主性和主体性。 4. 是否注意到了与音乐活动环境和有关设备相联系
	活动环境与材料	1. 是否有助于音乐教育活动目标的达成。 2. 是否与音乐教育活动内容相适应。 3. 是否能适合幼儿的实际需要和操作能力。 4. 是否适用于音乐活动的展开，如材料是否具有一定的艺术性和表现性，能否在数量上有所保证等。 5. 活动过程中，环境和材料是否得到最大限度的开发和利用，即充分地发挥了环境和材料的作用
活动过程的评价	教师的行为	1. 教师在活动中是否教态亲切自然、精神饱满而有一定的热情和感染力。 2. 教师是否能做到正确而清晰地示范讲解。 3. 教师是否善于调动幼儿的积极性。 4. 教师是否能巧妙而熟练地运用角色的变化，去引导幼儿学习。 5. 教师是否善于设置一定的提问，从而有效地激发幼儿的独立思考
	活动中教师与幼儿的互动情况	1. 教师在活动中是否注意到为幼儿创设一定的活动环境，以引发幼儿的主动学习。 2. 教师是否注意到充分激发幼儿的兴趣意志、自信独立等良好的心理品质。 3. 教师是否注意到与幼儿的情感交流以及为幼儿之间的情感沟通创设机会和条件
	活动的组织形式	1. 教师是否适当地采用了集体活动、合作活动以及个别活动等多种组合和变化。 2. 教师是否在活动过程中体现了因材施教的原则。 3. 教师是否注意到了不同组织形式中幼儿的人际交往
	活动的结构安排	1. 活动的结构安排是否紧凑、有序。 2. 每一个环节和步骤之间是否具有层次性、递进性。 3. 是否体现了结构安排上的动静交替
活动效果的评价	学习态度	如注意力是否集中，表现是否积极、主动等
	学习广度	如参与人数与参与时间是否充足、参与方式是否多样等

续 表

评价要素		评价内容
活动效果的评价	学习深度	如是否能提出问题或发表见解，是否能倾听、协作与分享等
	情绪和情感反应	如精神是否饱满、情绪是否愉快轻松等
	目标的达成情况	幼儿对活动预期目标的达成情况
	学习愿望	幼儿是否具有进一步学习的愿望

幼儿园音乐教育活动的评价记录见表 1–11。

表 1–11　幼儿园音乐教育活动的评价记录

活动名称：		活动时间：	
教师：		班级：	
内容		活动记录	分析评价
活动方案	活动目标		
	活动内容		
	活动方法		
	活动环境与材料		
活动过程	教师的行为		
	活动中教师与幼儿的互动情况		
	活动的组织形式		
	活动的结构安排		
活动效果	学习态度		
	学习广度		
	学习深度		
	情绪和情感反应		
	目标的达成情况		
	学习愿望		

幼儿园音乐教育活动的评价类型与方法

评价的过程是教师运用专业知识审视教育实践，发现、分析、研究、解决问题的过程，是自我成长的重要途径。不同的评价类型体现了不同的价值取向，在音乐教育活动中，选用哪些类型与方法来体现评价的导向性、诊断性，真正起到规范和改进的作用，还需要教师按照教学设计准确选择。幼儿园音乐教育活动的评价类型和评价方法见表1–12、表1–13。

表 1–12　幼儿园音乐教育活动的评价类型

划分方式	评价内容
按评价的功能和时间划分	1. 诊断性评价 指在某项教学活动开始之前对幼儿的情感、认知、能力等状况进行的预测。通过这种预测可以了解幼儿的知识基础和准备状况，以判断他们是否具备实现当前教学目标所要求的条件，为实现因材施教提供依据。 2. 形成性评价 指在教学过程中为了解幼儿的学习情况，及时发现教学中的问题而进行的评价。通过形成性评价，教师可以随时了解幼儿在学习上的进展情况，获得教学过程中的连续反馈，为教师随时调整教学计划、改进教学方法提供参考。 3. 总结性评价 在实施教学活动后，为了解教学活动的最终效果而进行的评价。总结性评价重视的是结果，借以对幼儿做出全面鉴定，并对整个教学活动的效果做出评定
按评价的参照标准划分	1. 相对性评价 以某一个幼儿或若干个幼儿为参展标准，将其他幼儿与之相比较，判断是否达到参照标准所具备的特征或程度，不考虑他是否达到教学目标的要求。 2. 绝对性评价 以教学目标为参照标准，判断幼儿是否达到了教学目标的要求，而不以评定幼儿之间的差异为目的。 3. 个体内差异评价 对幼儿的过去和现在进行对比、评价，或对幼儿个体内部各方面进行对比、评价
按评价的主体划分	1. 自我评价 幼儿园教师自己对活动做出分析和判断。 2. 他人评价 实施活动的幼儿园教师之外的专业人士对活动做出分析和判断

表 1–13　幼儿园音乐教育活动的评价方法

方法类别	内容
档案袋分析	指收集幼儿在学习过程中有代表性的作品和典型的表现记录，以幼儿的现实表现作为判断幼儿学习品质依据的评价方法
观察法	有目的、有计划地在音乐教育活动中对幼儿进行即时观测，并对观测结果做出一定的评估
谈话法	幼儿园教师与幼儿进行直接的口头交流，以获得情感、认知、能力方面信息的方法

幼儿园音乐教育活动的评价如图1–8所示。

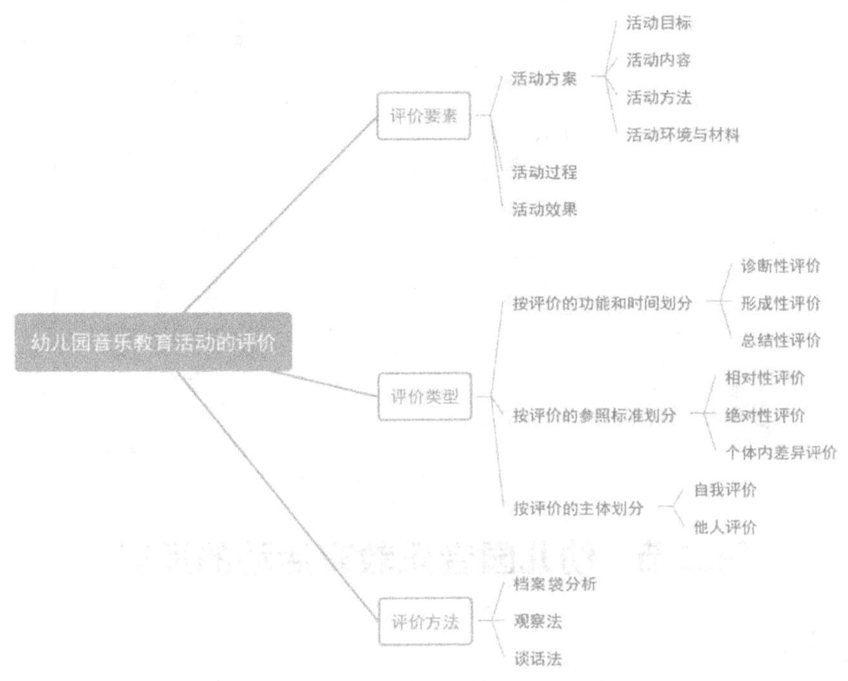

图 1–8 幼儿园音乐教育活动的评价

知识拓展

档案袋分析的类型见表 1–14。

表 1–14 档案袋分析的类型

分类方式	内容
根据档案袋收集的作品内容分类	过程性档案： 幼儿学习过程中，对其进步、努力与成就的观察和记录。通过过程性档案来真实、全面、动态地描述幼儿发展与成长的过程
	成果性档案： 教师与幼儿共同决定课程的核心主题，展示幼儿在这个主题中最优秀的作品或成果。成果性档案经常展示在亲子活动、家长开放日或期末总结活动中，给家长与幼儿园沟通提供材料
	综合性档案： 兼具成果性、过程性或者是兼具多个主题的学习档案，常用于课程教学总结性评价或幼儿学习能力倾向发展性评价中
根据档案袋的作用分类	陈列性档案： 用以展示幼儿的最佳作品
根据档案袋的作用分类	文件性档案： 用以保存幼儿的作品和进步的证据，放入这类档案中的作品确保幼儿看得懂
根据档案袋的作用分类	历程性档案： 用以保存幼儿持续产出的作品，通常由幼儿自己记录和判断
	评鉴性档案： 在一段时间里持续而又系统地收集体现幼儿成长、进步和成就的作品，教师评鉴幼儿的学习和进步

幼儿园教师激励与评价要求：

1. 关注幼儿日常表现，及时发现和赏识每个幼儿的点滴进步，注重激发和保护幼儿的积极性、自信心。

2. 有效运用观察、谈话、家园联系、作品分析等多种方法，客观地、全面地了解和评价幼儿。

3. 有效运用评价结果，指导下一步教育活动的展开。

参考《幼儿园教师专业标准（试行）》

第二节 幼儿园音乐教育活动的反思

内容描绘

本节内容围绕教学反思的内容及反思策略展开。《教师反思的方法》中引用了我国著名学者叶澜说过的一句话：“一个教师写一辈子教案也不一定成为名师，如果一个教师写三年反思有可能成为名师。”美国著名的心理学家波斯纳（Posner）也曾指出教师成长的公式：成长 = 经验 + 反思。由此看来，教学反思对教师的专业成长具有促进作用，有效的教学反思有利于提高幼儿园教师的教学实践水平和理论素养，进而实现以幼儿为本，促进幼儿身心健康、全面发展。

学习目标

（1）懂得教学反思的意义。

（2）知道从哪些方面进行幼儿园音乐教育活动的教学反思。

（3）知道如何进行幼儿园音乐教育活动的教学反思。

幼儿园音乐教育活动的反思内容

教学反思是教师对教育活动中“教与学”的分析与思考，贯穿于教育实践全过程。教学反思的目的不仅仅是回顾过去，更重要的是对整个教学过程采取扬弃态度，发现教学中存在的问题与不足，并采取相应的策略，以提高教师的教育教学实践水平，促进自身专业发展。

教学反思包括两方面：一是教师对自己的教学活动由个别体验到理性的更全面的思考过程，对自身教学活动进行的扬弃性的思考；二是教师通过教学实践对教学实践依据的教学理论、教学观念和学习主体进行的思考和再认识，以及在此基础上形成的教学观念的改变更新。幼儿园音乐教育活动的反思内容如图 1–9 所示。

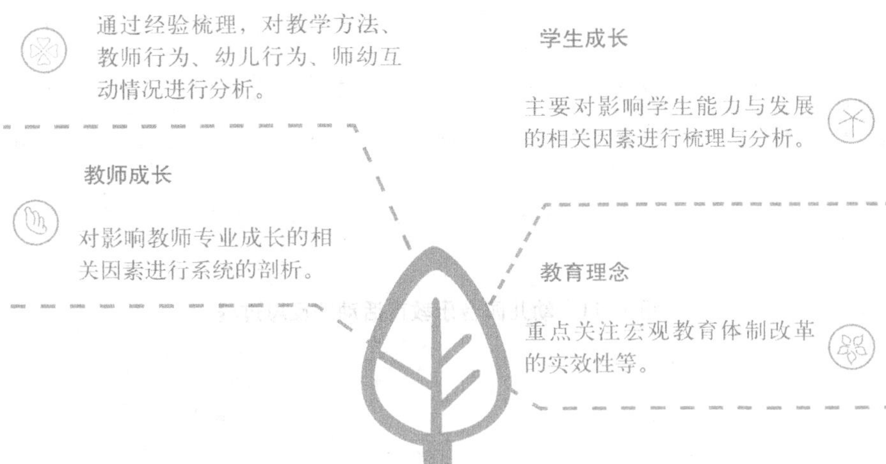

图 1-9　幼儿园音乐教育活动的反思内容

幼儿园音乐教育活动的反思策略

教学反思是促进幼儿园教师专业成长的催化剂，是提升幼儿园教师教学能力、科研能力的有效途径。幼儿园教师应正确认识教学反思的策略，明确教学反思的基本步骤，掌握教学反思的途径与方法，在各类活动的积极参与中磨炼出反思能力，并反馈到教学活动中，真正实现教学反思对促进自身专业成长的实效。幼儿音乐教育活动的反思策略如图 1-10 所示。

一 养成教学反思的习惯	二 加深幼儿教师对音乐教育理论的认知，提高教学反思水平	三 掌握反思步骤，提高反思的有效性
1. 树立教学反思的责任感 （1）认识到教书育人、爱岗敬业的意义和价值。 （2）及时总结音乐教育活动中的经验与教训，并反馈到音乐教育活动全过程。 （3）体会到教学反思对专业成长的意义，使教学反思从不自觉到自觉，最后养成习惯。 2. 树立教学反思的自信 （1）敢于剖析自己 （2）勇于面对问题 （3）具有坚定的反思的信心和意志 3. 拓宽反思途径 内部反思、外部反思、撰写反思日记等。	1. 提高音乐教育理论水平 （1）养成学习习惯，通过多渠道收集信息，树立正确的教学理念。 （2）借助有关理论对反思问题进行深入的剖析，为寻找有效的问题解决策略提供可能。 （3）通过观摩优秀幼儿园教师的教育教学活动，听学术报告，观看“教育电视节目”和“教育电影”等来促进自我反思。 2. 在实践中反思 注重将教育理论与教育实践相结合，在实践中不断体会教育理论的本质与精髓。	1. 发现问题 教师注意留意音乐教育活动的“细微之处”，从细节寻找有价值的问题。 2. 分析问题 客观地分析音乐教育活动的整个过程，既要分析成功的原因，也要剖析失败的因素，思考为什么和如何改进。 3. 教学反馈 发现实践中的问题与不足，并探寻到调整与改进的策略，尝试运用到新的教学实践中。

图 1-10　幼儿园音乐教育活动的反思策略

值得注意的是，对于教师来说，在教育教学过程中，失误和问题比较容易引起注意并进行修正和改进，而成功的经验难以引起重视并形成有效的积累。二者有效结合是幼儿园教师树立信心、提升教学实践能力的有效手段。所以，反思不仅仅是发现问题、解决问题，它也是对成功之处的总结甚至是升华的过程。幼儿园音乐教育活动的反思过程如图 1-11 所示。

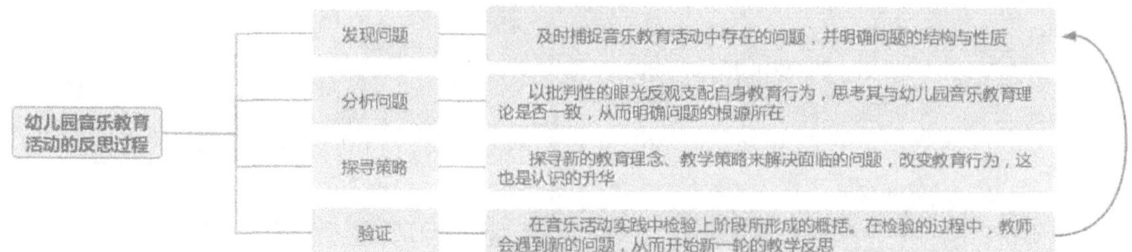

图 1–11　幼儿园音乐教育活动的反思过程

幼儿园教师反思与发展要求：

1. 主动收集分析相关信息，不断进行反思，改进保教工作。

2. 针对保教工作中的现实需要与问题，进行探索和研究。

3. 制定专业发展规划，积极参加专业培训，不断提高自身专业素质。

参考《幼儿园教师专业标准（试行）》

第二部分　实践

项目二

幼儿园韵律活动的认知与实施

项目一

幼儿园歌唱活动的认知与实施

项目三

幼儿园打击乐器演奏活动的认知与实施

项目五

幼儿园音乐教育活动的整合与渗透

项目四

幼儿园音乐欣赏活动的认知与实施

第二部分内容以活动实践为主，与第一部分形成完整的教学闭环设计。内容主要基于第一部分的理论基础，结合教育对象的发展特性和幼儿园各类音乐活动的多元性和趣味性，对如何展开幼儿园音乐活动进行阐述。这部分内容以“项目、任务”的形式体现探究规律，目的是以任务驱动的方式，引导学生逐步探究幼儿园各类音乐活动的实施步骤，实现教学能力的提升。

第二部分从幼儿园音乐教育活动内容的角度出发分为五个项目，每个项目设置两个任务。项目一至项目四分别从认知探究和实践探究两个方面展开，目的是在第一部分理论的基础上，建立完整的音乐活动认知网络，真正认识到各类音乐活动是什么、为什么和怎么做，进而提升幼儿园教师的专业能力。项目五是音乐教育整合与渗透的探究，从促进幼儿全面发展的角度，分别对音乐领域内的整合和幼儿园各领域间的整合两个方面进行探索，对幼儿园音乐教育渗透的多种渠道进行挖掘。

学习第二部分的内容需要学生已经具备第一部分基础理论知识，自主研学课前视频，分析实施案例，归纳实施要点，在课堂中加深理解、强化训练，在实践中积累经验，提升技能。

项目一　幼儿园歌唱活动的认知与实施

项目介绍

组织与实施歌唱活动，是促进幼儿全面发展的重要手段。幼儿教师需要有计划、有目的地将幼儿园教育目标和任务整合、渗透到歌唱活动中，通过生活化、游戏化的手段引导幼儿沉浸在歌唱活动的快乐中，主动地学习与探索。

项目一将结合第一部分的内容，在对幼儿歌唱能力发展理论、幼儿园歌唱活动过程的设计与实施方法进行探究的基础上，运用所学知识进行幼儿园歌唱活动的教学实践。项目实施过程中，要求学生主动思考，学会知识迁移，在问题解决和课堂实践过程中提升教学设计与教学实施能力。

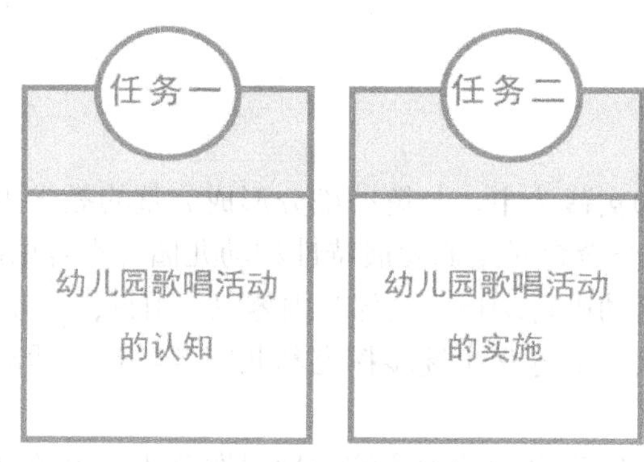

项目需求

1. 知晓幼儿园音乐教育活动的特点，了解幼儿的认知发展规律。
2. 了解幼儿园音乐教育活动的设计原则、设计流程与内容要求。
3. 掌握幼儿园各类音乐活动实施的流程与展开方式。
4. 熟识评价的要素与反思的策略，具备基础的评价与反思的能力。

预期效果

1. 了解幼儿园歌唱活动，掌握幼儿园歌唱教学活动的内容。
2. 能够判断并在活动设计中运用幼儿园歌唱活动的各种形式。
3. 能够巧妙地综合各领域知识与技能，设计具有趣味性和创造性的歌唱活动。
4. 能根据内容要求设计和实施歌唱活动，并能对歌唱活动做出客观的评价与反思。
5. 在探究过程中提高分析问题、解决问题的能力，学会知识迁移，提高创造能力。
6. 提高职业认知，学会尊重幼儿，提升职业道德水平和职业认同感。

任务一　幼儿园歌唱活动的认知

歌唱活动不仅能培养幼儿的歌唱能力，还能促进幼儿审美能力、表现能力、创造能力的提升。

从婴儿的第一声啼哭到牙牙学语再到清晰地语言表达，嗓音始终是人们最自然、最直接的交流方式。歌唱就是嗓音表达的一种特殊形式。对于幼儿来说，成长过程中有效的歌唱体验的积累，让他们感悟着和逐渐建立起音调与情绪表达之间的联系，从中获得自然真切的情感共鸣，增强审美体验。同时，歌唱也是幼儿教师与幼儿互动和情感交流的有效途径。

任务描述

（1）课前通过视频学习，对歌唱教学活动的内容、材料选择和歌唱的形式进行预习，为任务展开奠定基础。

（2）整理课前预习过程中的问题，待课上讨论解决。

（3）课中以案例的形式对课前预习内容进行检验，并解决问题。

（4）学生完成自我反思与评价。

任务准备

一、幼儿园歌唱活动的教育内容

（一）歌唱的知识与技能

歌唱的知识与技能如图 2-1 所示。

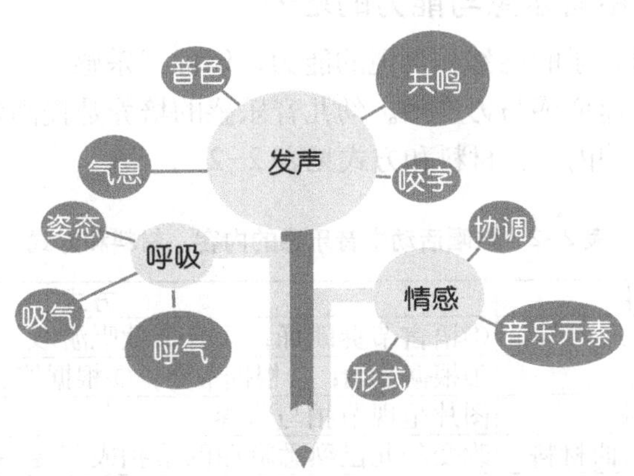

图 2-1　歌唱的知识与技能

幼儿歌唱知识与技能要求见表 2-1。

表 2-1　幼儿歌唱知识与技能要求

内容	要求	提示
姿态	身直头正肩放松，手臂自然下垂或放于腿上，面部放松	1. 歌唱时，随音乐律动，保持积极状态。 2. 良好的姿态可以在幼儿歌唱时保证气息通畅，有助于情感表达，也是幼儿自信的表现
呼吸	自然地吸气，均匀地呼气，不耸肩，不仰头	幼儿歌唱能力发展具有阶段性，不同年龄阶段或同一年龄阶段的不同幼儿，对呼吸的控制能力参差不齐，教师在选材和要求上需要注意
发声	下巴放松，自然歌唱	1. 幼儿性格存在一定差异，胆小、害羞的幼儿歌唱时往往较拘谨、不自信，表现欲过强的幼儿则会大声喊叫地歌唱，这都需要加以纠正。 2. 幼儿歌唱活动的趣味性决定着活动形式的多样性，对于歌唱时音色、位置等要素有一定的要求，教师在歌唱活动中应注意引导
音乐元素	音高、节奏准确，音乐表情记号表达无误，乐句乐段清晰	音乐元素的掌握和表达受歌唱能力发展限制，不同年龄阶段的要求有所不同，教师应充分考虑幼儿的实际水平和最近发展区
协调一致	1. 歌唱技能协调一致 2. 合作演唱时，不突出自己的声音，融入集体歌声	1. 情感的表达是在歌唱技能协调配合的基础上完成的，当然，不是一蹴而就的，幼儿教师要正确看待幼儿歌唱时的不足，尊重幼儿的发展规律。 2. 合作能力是在成长中逐渐培养的，需要教师的正确引导

暂停反思
幼儿的歌唱能力发展具有阶段性，幼儿教师在歌唱活动教学过程中应充分考虑幼儿的实际情况，尊重幼儿的歌唱能力发展规律和认知发展规律，给予幼儿充分的耐心和信心。请结合幼儿歌唱能力发展和幼儿心理发展规律，总结归纳不同年龄阶段的歌唱教学活动中对幼儿的歌唱知识与技能的要求

（二）歌唱活动中音乐感与能力的培养

音乐感是指幼儿对音乐的感知和再现的能力，俗称“乐感”，主要包括节奏感、旋律感、结构感、音色感、速度感与力度感。幼儿音乐感的培养是提高幼儿音乐审美能力的前提。歌唱活动中音乐感的内容、材料和方式见表 2-2。

表 2-2　歌唱活动中音乐感的内容、材料和方式

内容	材料	方式
节拍感与节奏感	运用嗓音	①语言节奏朗诵；②音节歌唱游戏
	运用身体动作	①根据节拍；②根据节奏；③根据伴奏；④身体节奏动作组合
	运用视觉材料	图片呈现节拍与节奏
	改变熟悉的歌曲材料	改变幼儿已熟悉歌曲的节拍或节奏，与原曲对比
旋律感	听觉、视觉、动觉协同配合	歌曲背景下，利用图片，配合手势动作，引导幼儿听觉、视觉、动觉协同配合，从而形成旋律感
	运用嗓音	①移调歌唱；②唱旋律唱名；③默唱
结构感	运用身体动作	依据乐句或乐段设计律动模仿组合
	运用嗓音	通过对唱、接唱、分句默唱、节奏插句的方式引导幼儿体会乐句结构

续　表

内容	材料	方式
音色感	运用视觉	视觉表象与听觉表象的类比
	运用噪音	运用噪音加强音色的表现
速度感与力度感	运用视觉	出示直观图片，引导幼儿将速度与力度与之匹配，并以限定的速度和力度表现歌曲
	选择特定的歌曲材料	选择速度和力度有明显对比的歌曲

幼儿园歌唱活动中能力的培养如图 2–2 所示。

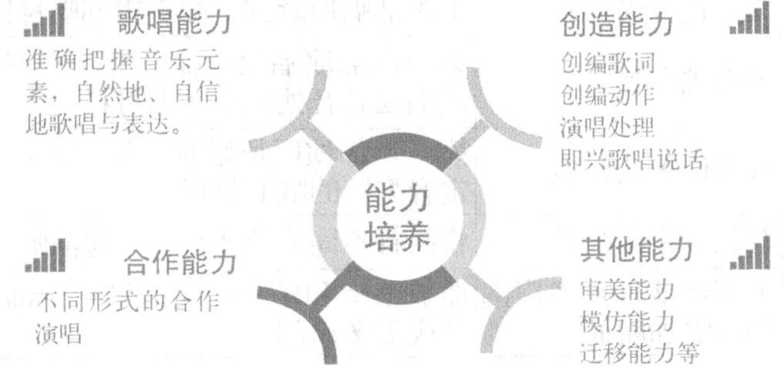

图 2–2　幼儿园歌唱活动中能力的培养

暂停反思
在幼儿歌唱教学活动中，要求幼儿教师为幼儿提供自由表现的机会，鼓励幼儿用不同的形式大胆地表达自己的情感，尊重每个幼儿的想法和创造，肯定和接纳他们独特的感受和表现方式，分享他们创造的快乐。 想一想，在上面描述中用到了“自由表现”“鼓励”“大胆地表达”“尊重”“独特的感受和表现”等极为开放性的词语，你对幼儿教师“提供、鼓励、尊重、肯定和接纳”是怎样理解的呢？

（三）歌唱教学活动材料的选择

歌唱教学活动材料的选择见表 2–3。

表 2–3　歌唱教学活动材料的选择

选材方式	意义		
	重视审美性	体现教育性	内容适宜性
旋律上	优美动听，激发幼儿兴趣，给予幼儿美的体验	色彩积极，温暖柔美，塑造幼儿美的心灵	音域、节拍、节奏、速度符合幼儿不同年龄阶段歌唱能力发展，旋律平稳，结构工整
歌词上	朗朗上口，富有情趣	健康向上，体现正确的价值观，激发幼儿对美好生活的向往，陶冶情操	贴近幼儿生活，符合幼儿生活经验，内容幼儿感兴趣，文字富有童趣，歌词形象鲜明，事宜游戏或动作表现

二、幼儿园常用的歌唱形式

幼儿园常用的歌唱形式为分类及解读见表 2–4。

表 2–4 幼儿园常用的歌唱形式分类及解读

分类	形式	解读
独立歌唱形式	独唱	一个人独立歌唱
	歌表演	一个人边唱边表演
单声部合作演唱	接唱	幼儿分组轮流一句一句接唱
	对唱	个人对个人或组对组问答
	领唱齐唱	一个人或几个人唱主要部分，集体唱配合部分
多声部合作演唱	轮唱	两个声部先后间隔唱同一首歌
	同声式合唱	主声部唱原歌词，配合声部唱衬词
	填充式合唱	第一声部演唱原歌曲，第二声部在第一声部休止或演唱延长音处填充歌曲材料
	音型伴奏式合唱	第一声部演唱原歌词，第二声部演唱一个类似“固定音型”的歌曲材料
	双独立旋律合唱	将两首不同的歌曲合在一起演唱
	多声部朗诵或多声部的歌唱加朗诵	播放演唱和乐队伴奏的第一声部，幼儿朗诵第二声部或更多声部

暂停反思
幼儿教师采取不同的歌唱形式能够有效地提高活动的趣味性，培养幼儿的合作能力与交往能力，同时，幼儿教师以丰富的歌唱形式为载体，引导幼儿感受并创造性地表现歌曲。你能够回忆出哪些歌唱形式呢？分别有什么特点呢？

图 2–3 展示了幼儿园歌唱活动的认知。

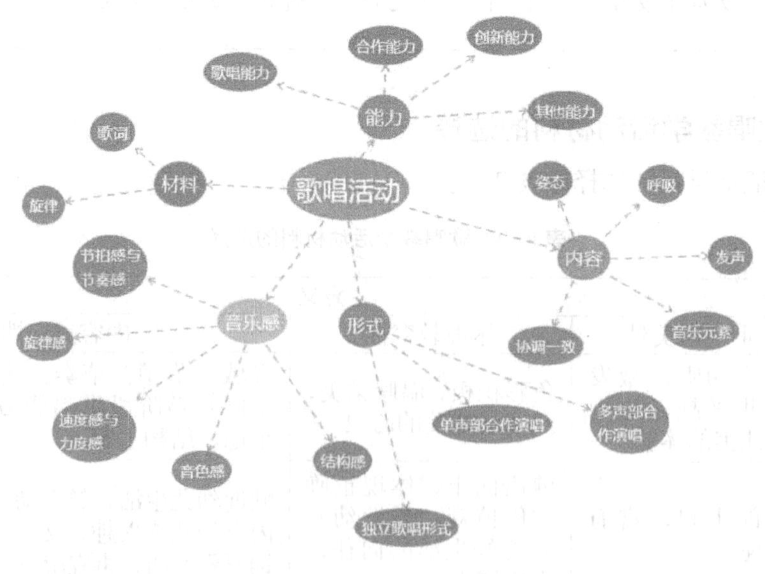

图 2–3 幼儿园歌唱活动的认知

一、执行流程

执行流程如图 2–4 所示。

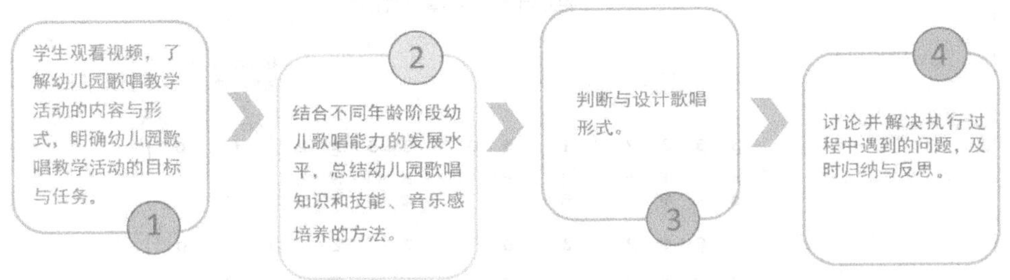

图 2–4　执行流程

二、执行效果

执行效果见表 2–5。

表 2–5　执行效果

<table>
<tr><th>内容</th><th colspan="5">案例</th></tr>
<tr><td>歌唱的知识与技能</td><td colspan="5">请回忆幼儿园歌唱活动的知识与技能，结合幼儿音乐能力发展阶段与特点（见附录 2），将表填写完整</td></tr>
<tr><td rowspan="3">歌唱的知识与技能</td><td colspan="5">成果展示：
<table>
<tr><td rowspan="2">内容</td><td rowspan="2">要求</td><td colspan="3">不同年龄阶段能力发展</td></tr>
<tr><td>3 ~ 4 岁</td><td>4 ~ 5 岁</td><td>5 ~ 6 岁</td></tr>
<tr><td>姿态</td><td></td><td></td><td></td><td></td></tr>
<tr><td>呼吸</td><td></td><td></td><td></td><td></td></tr>
<tr><td>发声</td><td></td><td></td><td></td><td></td></tr>
<tr><td>音乐元素</td><td></td><td></td><td></td><td></td></tr>
<tr><td>协调一致</td><td></td><td></td><td></td><td></td></tr>
</table>
</td></tr>
<tr><td rowspan="2">自我评价</td><td>等级评价</td><td>非常满意</td><td>满意</td><td>不太满意</td></tr>
<tr><td>语言描述</td><td colspan="3"></td></tr>
</table>

续 表

<table>
<tr><th>内容</th><th colspan="4">案例</th></tr>
<tr><td rowspan="3">歌唱的形式</td><td colspan="4">案例一

谁的尾巴最好看（片段） 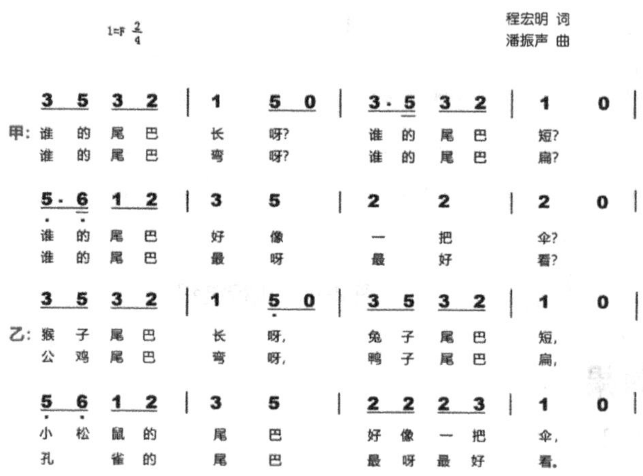

1=F 2/4　　程宏明 词　潘振声 曲

3 5 3 2 | 1 5 0 | 3·5 3 2 | 1 0 |
甲：谁 的 尾 巴 长 呀? 谁 的 尾 巴 短?
谁 的 尾 巴 弯 呀? 谁 的 尾 巴 扁?

5·6 1 2 | 3 5 | 2 2 | 2 0 |
谁 的 尾 巴 好 像 一 把 伞?
谁 的 尾 巴 最 呀 最 好 看?

3 5 3 2 | 1 5 0 | 3 5 3 2 | 1 0 |
乙：猴 子 尾 巴 长 呀， 兔 子 尾 巴 短，
公 鸡 尾 巴 弯 呀， 鸭 子 尾 巴 扁，

5 6 1 2 | 3 5 | 2 2 2 3 | 1 0 |
小 松 鼠 的 尾 巴 好 像 一 把 伞，
孔 雀 的 尾 巴 最 呀 最 好 看。</td></tr>
<tr><td colspan="4">案例二

两只老虎 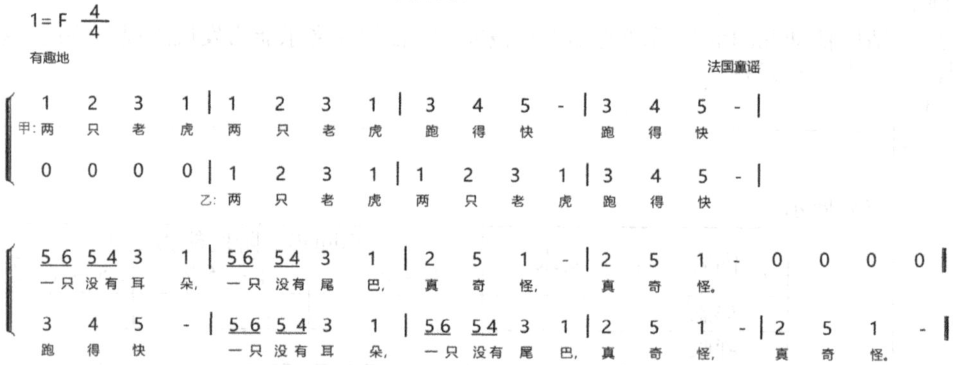

1= F 4/4
有趣地　　法国童谣

1 2 3 1 | 1 2 3 1 | 3 4 5 - | 3 4 5 - |
甲：两 只 老 虎 两 只 老 虎 跑 得 快 跑 得 快
0 0 0 0 | 1 2 3 1 | 1 2 3 1 | 3 4 5 - |
乙：两 只 老 虎 两 只 老 虎 跑 得 快

56 54 3 1 | 56 54 3 1 | 2 5 1 - | 2 5 1 - 0 0 0 0 |
一只 没有 耳 朵， 一只 没有 尾 巴， 真 奇 怪， 真 奇 怪。
3 4 5 - | 56 54 3 1 | 56 54 3 1 | 2 5 1 - | 2 5 1 - |
跑 得 快 一只 没有 耳 朵， 一只 没有 尾 巴， 真 奇 怪， 真 奇 怪。</td></tr>
<tr><td colspan="4">成果展示：
判断以上案例中用到了哪些歌唱形式？你还能用哪种形式组织案例中的歌唱活动？</td></tr>
<tr><td rowspan="2"></td><td rowspan="2">自我评价</td><td>等级评价</td><td>非常满意</td><td>满意</td></tr>
<tr><td>语言描述</td><td colspan="2"></td></tr>
</table>

不太满意

三、自我评价

自我评价见表 2–6。

表 2–6　自我评价

记忆能力成果	掌握的知识：
	未掌握的知识：
分析能力成果	分析能力的成果：
	遇到的困难：
实践能力成果	能应用于实践的知识：
	实践有困难的知识：
创新能力成果	创新方面的成果：
	创新方面遇到的困难：

四、知识链接

第一，在创编新歌词的教学活动中一般应该注意以下六点。

（1）选择旋律简单，适合幼儿创编的歌曲；

（2）只教授一段歌词作为创编的样板；

（3）必要时预先做好必要的知识准备，以保证活动顺利开展；

（4）创编中应注意集体参与创编，以保证活动中大多数幼儿都有机会动脑、动口、动手；

（5）创编中应注意控制好编唱时间的长短，以保证活动结束时具有“余兴未尽”的气氛；

（6）创编中应注意适当强调创编结果的个人独创性和审美性，以保证编唱的结果能够给幼儿留下美好的印象。

第二，在创编表演动作的教学活动中一般应该注意以下五点。

（1）即兴创编活动与引导创编活动应该区别对待；

（2）结构性动作、情节性动作、情感性动作应该区别对待；

（3）在引导创编的活动中，创编的数量以“够用”为限度；

（4）在即兴创编的活动中教师应主要以交流等学习方式来拓宽幼儿的创编思路；

（5）在引导创编的活动中，教师应主要以提问和提供思考线索、提供改善建议的方式来拓宽幼儿的创编思路。

任务二　幼儿园歌唱活动的实施

组织与实施幼儿园歌唱活动是幼儿园教师必备的专业能力，通过自发的和有设计的歌唱活动，能使幼儿够得到美的熏陶与感染。歌唱活动伴随着幼儿的成长，也促进其心理和生理不同程度的变化。本任务就是探索怎样结合幼儿园音乐活动的设计原理，科学分析幼儿的能力发展，从而进行系统的歌唱活动教学设计与组织。

任务描述

（1）课前通过学习“案例分析”的视频，复习与巩固歌唱活动的相关知识。

（2）对比分析案例，剖析教学环节，评述活动实施策略。

（3）独立完成教学设计、教案撰写与试讲，并互评。

（4）完成自我反思与评价。

任务准备

下面是幼儿园歌唱活动的案例分析。

一、“同一能力”在相同年龄段的“多途径”教学活动

（一）案例展示

【歌曲】

三只猴子

1=D 4/4　　　　欧美童谣

5 3 3 34 3 2 2 | 5 2 2223 2111 1 |

三 只 猴 子在 床 上 跳，有 一只 猴子头上 摔了一个 包，

两 只 猴 子在 床 上 跳，有 一只 猴子头上 摔了一个 包，

一 只 猴 子在 床 上 跳，它 的 头 上 摔了一个 包，

你 们看 床 上 静 悄 悄，猴 子们 不知跑到 哪儿去 了，

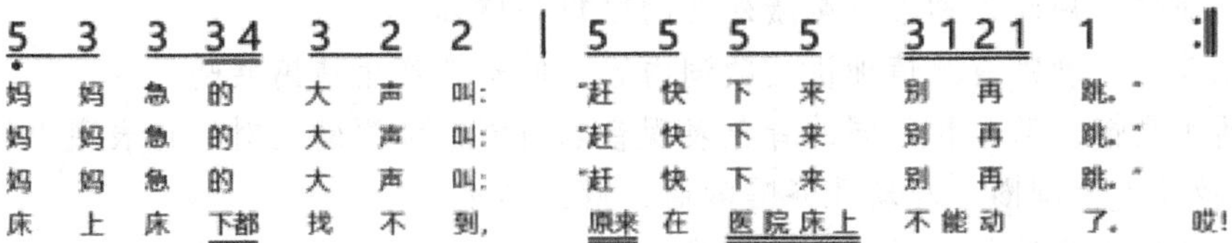

【教案】

案例 1

小班歌唱活动《三只猴子》

一、活动目标

(1) 情感目标：体验被关爱的满足感。

(2) 认知目标：理解歌词内容，感受稳定的拍感。

(3) 能力目标：能够根据音色的变化判断乐句情绪的变化。

二、活动准备

(1) 经验准备：具有一定的动作模仿能力、知道歌唱的姿势。

(2) 物质准备：四只猴子玩偶。

三、活动过程

(一) 创设故事情境，激发幼儿兴趣

师生坐成一个圆圈，教师借助猴子玩偶讲述《三只猴子》的故事。

师：猴妈妈有三个可爱的猴宝宝，它们非常顽皮，猴妈妈每天都在担心它们，于是经常去猴宝宝的房间看看它们，然而今天猴妈妈发现三个猴宝宝没在房间里，它们去哪了呢？我们跟着音乐和猴妈妈一起寻找一下吧。

(二) 熟悉旋律和歌词，感受稳定的拍感

(1) 播放音乐，教师借助玩偶演唱歌曲。

(2) 教师随音乐演唱，并引导幼儿以四分音符为一拍拍手伴奏。

①教师随音乐拍手演唱。

②引导幼儿拍手，感受稳定拍感。

师：老师来看看谁的小手最听话？跟老师一起拍拍手吧。

(3) 展开“玩偶传递”游戏，强化拍感。

①幼儿继续拍手，教师拿起一个猴子玩偶，随节拍点到幼儿的腿上并迅速拿走至下一位幼儿，直至一圈结束。

②从教师开始，随音乐节拍传递玩偶。

(教师用语言或动作给予提示，帮助幼儿更准确地传递和感知。)

(三) 学唱歌曲，感受音色与音乐情绪

(1) 继续游戏，教师保持动作或语言提示，在传递中随音乐演唱歌曲。

①教师演唱，幼儿继续传递，感受演唱中节拍的稳定。

②教师邀请学生一起哼唱歌曲旋律。

③教师借助玩偶和语言，提示歌词内容，齐唱歌曲。

师：还记得三只小猴的故事吗？一起唱给老师听一听吧。

(2) 教师停止提示，加入表情和表演动作，并用不同的音色表现音乐形象。

①教师演唱，用动作和音色刺激幼儿的联想和感知。

②幼儿演唱，教师有感情地讲述歌词内容，使幼儿产生情感共鸣。

③教师用表情、动作和不同的音色表现音乐情绪，加深幼儿对音色表现力的感知。

(3) 教师走出圆圈，与幼儿齐唱歌曲，游戏结束。

(四) 模仿教师动作，尝试表达情感

教师用眼神和动作带领幼儿演唱。

师：游戏结束啦，请小朋友们手牵手，把我们的小椅子围起来，围成一个大圆圈，和老师一起表演《三只猴子》的故事。

(五) 借助《三只猴子》的结局，进行情感教育

师：哦，原来三只小猴子在床上蹦蹦跳跳，摔伤了自己，住进了医院，猴妈妈好心疼，给了他们大大的拥抱和安慰。我们也可以用拥抱的方式表示对好朋友的关心和爱护。

师：当然我们在玩耍时一定要注意自己的安全呦。

四、活动延伸

观看《三只猴子》音乐绘本。

案例 2

小班歌唱活动《三只猴子》

一、活动目标

(1) 情感目标：体验被关爱的满足感。

(2) 认知目标：理解歌词内容，感受稳定的拍感。

(3) 能力目标：能够根据音色的变化判断乐句情绪的变化。

二、活动准备

(1) 经验准备：具备三以内的数数能力。

(2) 物质准备：《三只猴子》动态图片。

三、活动过程

(一) 教师进行情境表演

主讲教师和助教老师分别扮演小猴子、猴妈妈和旁白，有感情地讲述歌词内容。

(二) 节奏朗诵，感受稳定的拍感

(1) 教师出示三只猴子在床上跳的动态图片，并提问：画面中出现了几只小猴子？它们在干什么？

(提示：第一个问题回答结束后提问第二个问题。)

教师带领幼儿有节奏地朗诵第一句歌词。

(2) 教师出示一只猴子摔了一个包的动态图片，教师讲述因果关系。

师：因为小猴子太调皮，在床上蹦蹦跳跳一不小心把头摔了一个大包。

教师带领幼儿有节奏地朗诵第二句歌词。

(3) 教师出示猴妈妈生气大喊的动态图片，教师阐述猴妈妈的内心情绪。

师：猴妈妈非常生气，也很担心小猴子们的安全，于是大喊，不允许它们再跳了。

教师带领幼儿有节奏地朗读第三、第四句歌词。

(提示：教师朗读时注意歌词所表达的情绪，并使用不同的音色表现出来。)

（三）对比分析歌词和旋律，学唱歌曲

1. 对比分析歌词

（1）同时出示前三段的歌词，引导幼儿对比分析异同。

师：请大家仔细观察图片，有没有相同的？

幼儿指出后做好标记，并提问：还有两个不同的你们能找出来吗？

根据回答，教师对歌词的变化进行解析，帮助幼儿记忆。

（2）教师引导理解第四段歌词。

师：猴妈妈知道猴宝宝们非常顽皮，于是经常去猴宝宝的房间看看它们，然而今天猴妈妈发现三个猴宝宝没在房间里，它们去哪了呢？

教师借助图片提示幼儿回答。

2. 学唱歌曲

（1）教师分别出示小猴子在床上跳的图片和床上没有小猴子的图片，演唱对应的四句话，学唱旋律，感受音色变化。

（提示：第四段歌词情绪有所变化，需要教师用音色和表情表现出来。）

（2）同样的方法，分别出示第二句和第三、四句的图片，带领幼儿反复聆听学唱，感受不同音色对情感的表现。

最后，幼儿齐唱歌曲，教师表演。借助安全教育动画对幼儿进行安全教育与关爱教育。

四、活动延伸

在美工区，为《三只猴子》的画册涂色。

（二）案例分析

案例分析见表 2-7。

表 2-7　案例分析

项目		案例 1	案例 2	自己的观点
活动目标		相同	相同	
活动准备	经验准备	模仿能力、歌唱的姿势	数数能力	
	物质准备	动态图片		
活动过程	活动导入	故事导入	情境表演导入	
	聆听与感受（拍感）	集体游戏	节奏朗诵	
	学唱歌曲（音色）	集体游戏	对比分析	
	巩固	模仿表演唱	合作表演	
	活动结束	借助歌曲情节	借助动画	
活动延伸		观看音乐绘本	美工区为画册涂色	

二、“同一能力”在不同年龄段的“进阶式”教学活动

（一）案例展示

【歌曲】

注：详见一、“同一能力”在相同年龄段的“多途径”教学活动中的【歌曲】。

【教案】

案例 1

注：详见一、“同一能力”在相同年龄段的“多途径”教学活动中案例 1 的小班歌唱活动《三只猴子》。

案例 2

中班歌唱活动《三只猴子》

一、活动目标

（1）情感目标：愿意与同伴拥抱表示友爱和关心。

（2）认知目标：掌握四拍子节拍特点。

（3）能力目标：能够用明亮的音色演唱歌曲。

二、活动准备

（1）经验准备：具有较稳定的拍感，理解圆心的位置。

（2）物质准备：《三只猴子》的故事图册。

三、活动过程

（一）师生随音乐围成一个圆圈

1. 教师改编歌词演唱，带领幼儿围成一个圆圈

5 3 3 34 3 2 2 - | 5 2 2223 2111 1 - |
我 和 小 伙伴 手 拉 手， 一 起 去 寻找 好 朋 友，
5 3 3 34 3 2 2 - | 5 5 5 5 3121 1 - :‖
我 和 好 朋友 手 拉 手， 围 成 圆 圈 走 走 走

（1）教师一拍两动逐渐走近幼儿，伸出双手做邀请状演唱。

（每四分音符踏一步。）

（2）教师拉着幼儿按照稳定的拍子前进，逐渐围成圆圈。

（提示：间距不宜过大，保证坐下以后能摸到左右小朋友的腿。）

2. 带领幼儿面向圆心坐下

（1）面向圆心踏步。

师：请小朋友们和老师一起面向圆心，踏步，和对面的小朋友微笑着打招呼，你们好。

（2）请幼儿安静地坐下。（借助动作提示幼儿不要说话。）

（二）熟悉旋律和歌词，感受四拍子节拍特点

（1）教师随音乐演唱歌曲，带领幼儿拍手伴奏。（以四分音符为一拍。）

师：今天老师给小朋友们演唱一首关于小猴子的歌曲，请大家伸出小手和老师一起拍手伴奏。

（2）加入拍腿的动作感受强和弱。

①教师将第三拍和第四拍变成拍腿的动作。

师：小朋友们注意，老师要变化动作喽，试一试你能跟上吗？

②教师借助语言引导幼儿感受强和弱。

师：请小朋友们听一听，哪个动作声音更大一些？

（3）带领幼儿合作完成新动作，感受四拍子的节拍特点。

①将第二拍和第四拍动作变成拍打左右相邻幼儿的腿部。

（教师提示幼儿动作要轻，爱护同伴。）

师：小朋友们注意看，老师轻轻地拍打了哪里？你怎么做呢？

②教师引导幼儿感受四拍子节拍特点。

师：我们来听一听现在声音的大小有什么变化？

（三）尝试用不同的音色演唱歌曲

（1）鼓励幼儿跟音乐边做动作边哼唱，教师借助语言和图片提示歌词。

（2）感受音色的不同。

①对比四个动作的音色，师生用嗓音模仿。

师：刚刚我们对比色四个声音的大小，那接下来请小朋友们猜一猜我模仿的是哪种声音。

A. 明亮的“啪”　　B. 低沉的“嘟”　　C. 小声的“呼”

教师发出 A 和 B 的声音，请幼儿判断是拍手还是拍腿。

教师发出 A 和 C 的声音，请幼儿判断是拍手还是拍其他小朋友的腿。

②老师保持同一音高和音量，做音色变化，请幼儿聆听、感受。

师：小朋友们也来模仿一下拍手的声音。

（3）师生一起用拍手一样明亮的声音演唱。

教师根据借助歌词内容帮助幼儿创编动作，并邀请小朋友进行表演。借助安全教育动画对幼儿进行安全教育与关爱教育。

四、活动延伸

在美工区用贴画描绘《三只猴子》的故事。

案例 3

大班歌唱活动《三只猴子》

一、活动目标

（1）情感目标：懂得团结友爱，主动关爱同伴。

（2）认知目标：理解十六分音符与八分音符的时值关系。

（3）能力目标：能够用不同的音色表现音乐情绪。

二、活动准备

（1）经验准备：能够看懂分组的手势，理解速度的含义。

（2）物质准备：《三只猴子》图谱。

三、活动过程

（一）师生随音乐围成一个圆圈

（1）教师借助手势将幼儿分为两组。

（2）借助图谱，分别引导两组幼儿随音乐踏步。

A组：一拍一动，左右交替。（每四分音符踏一步。）

B组：一拍两动，左右交替。（每八分音符踏一步。）

（3）教师指挥幼儿前进围成圆圈。

师：两组小朋友，一会老师喊“开始”时，请大家依然保持稳定的拍感，由踏步变成走步，直至围成一个圆圈，你们猜一猜哪组会先完成呢？

教师改编歌词演唱，带领幼儿围成一个圆圈。

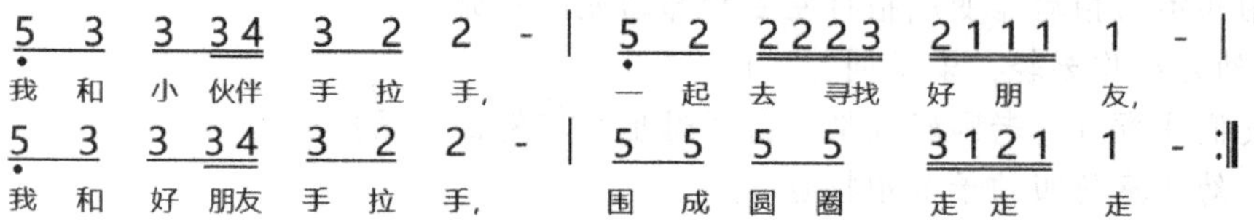

5̣ 3 3 34 3 2 2 - | 5̣ 2 2223 2111 1 - |
我 和 小 伙伴 手 拉 手， 一 起 去 寻找 好 朋 友，
5̣ 3 3 34 3 2 2 - | 5 5 5 5 3121 1 - :‖
我 和 好 朋友 手 拉 手， 围 成 圆 圈 走 走 走

（4）结合图谱和走步的规律，发现四分音符与八分音符的时值关系。

师：我们在保持同样速度的前提下，A组一步相当于B组两步，所以一个四分音符相当于两个八分音符的时值。

（二）熟悉旋律和歌词，感受时值关系

（1）教师组织幼儿跟随音乐继续走步，围成一个大圆圈。

（2）教师随音乐演唱歌曲，指导两组幼儿踏步。

（3）感受四分音符、八分音符和十六分音符的时值关系。

①教师跟随幼儿踏步，并演唱歌曲。

②教师用拍手的方式表示十六分音符，与幼儿合奏。

师：请小朋友们注意听，老师在哪些地方加入了动作。

师：小朋友们看，图谱发生了什么变化？加入动作的地方是不是我拍手的地方？请大家结合图谱再来听一听。

（4）分析时值关系。

①踏步时验证了四分音符与八分音符的时值关系。

②拍手与B组的踏步配合，推断八分音符与十六分音符的时值关系。

③拍手与A组的踏步配合，推断四分音符与十六分音符的时值关系。

（三）尝试用不同的音色表现歌曲情绪

（1）感受音色的不同。

教师有感情地讲述歌词，帮助幼儿理解歌词内容和情感。

（注意音色的变化，用不同的音色表现故事情节。）

（2）幼儿尝试用不同的音色讲述歌词。

①教师逐句解读歌词形象和情感，描述音乐情绪。

②幼儿在教师的指导下，模仿不同音色，并讲述歌词。

（3）教师进行表演，强调歌曲情境，使幼儿产生情感共鸣，加入自己的理解演唱歌曲。

（四）情境表演

教师邀请五名幼儿进行表演，分别扮演三只猴宝宝、猴妈妈和旁白。

（提示幼儿注意聆听，与同伴协调合作。）

师：由于小猴子顽皮，它们都受伤住进了医院，虽然猴妈妈很担心也很无奈，但为了表示对猴宝宝的关心和爱护，给了它们大大的拥抱，猴宝宝非常开心。

（五）借助“幸运抱抱抱”的游戏对幼儿进行关爱教育。

四、活动延伸

将《三只猴子》的故事讲给父母或其他小朋友听，共同交流如何保证自己的安全。

（二）案例分析

案例对比分析见表 2–8。

表 2–8 案例分析

项目		案例 1	案例 2	案例 3	自己的观点
活动目标	情感目标	感受被关爱的满足感	愿意对同伴表示关爱	主动表达关爱	
	认知目标	感受稳定的拍感	掌握节拍特点	掌握时值关系	
	能力目标	感受音色变化	用明亮的音色演唱	用不同音色表达音乐情绪	
活动准备	经验准备	模仿能力、歌唱的姿势	稳定的拍感、圆心的位置	手势、速度的含义	
	物质准备	四个玩偶实物	故事图册	图谱	
活动过程	导入活动	故事导入	动作导入	动作导入、设疑导入	
	聆听与感受（节拍）	集体游戏	身体打击	合作动作	
	学唱歌曲（音色）	集体游戏	音色模仿	讲述歌词	
	巩固	模仿教师表演	动作创编	情境表演	
	结束活动	借助歌曲情节	借助动画	借助游戏	
活动延伸		观看音乐绘本	美工区为画册涂色	交流	

执行任务

一、执行流程

执行流程如图 2–5 所示。

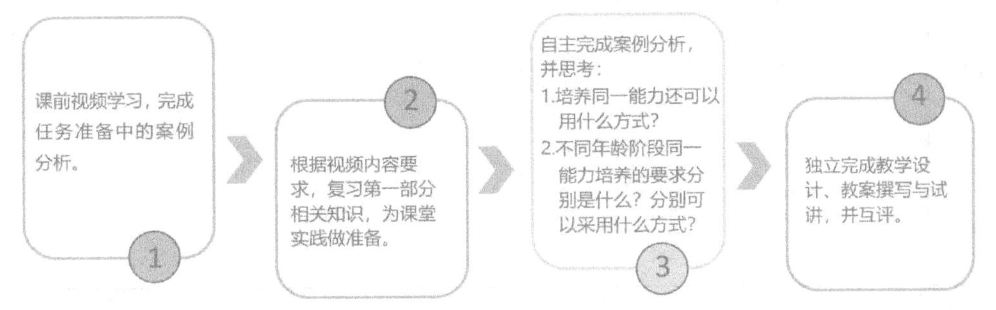

图 2–5 执行流程

二、执行效果

请针对下面的曲谱对内容、学情、目标、策略进行分析，并进行教案撰写和试讲评价与反思，见表 2–9。

小雨沙沙

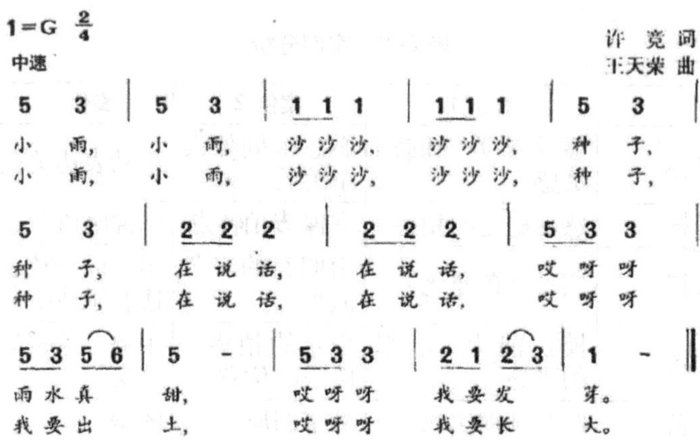

表 2–9　执行效果评价

项目	内容
内容分析	
学情分析	
目标分析	
策略分析	
教案撰写	
试讲评价与反思	

三、自我评价

自我评价见表 2–10。

表 2–10 自我评价

<table>
<tr><td rowspan="2">记忆能力成果</td><td>掌握的知识：</td></tr>
<tr><td>未掌握的知识：</td></tr>
<tr><td rowspan="2">分析能力成果</td><td>分析能力的成果：</td></tr>
<tr><td>遇到的困难：</td></tr>
<tr><td rowspan="2">实践能力成果</td><td>能应用于实践的知识：</td></tr>
<tr><td>实践有困难的知识：</td></tr>
<tr><td rowspan="2">创新能力成果</td><td>创新方面的成果：</td></tr>
<tr><td>创新方面遇到的困难：</td></tr>
</table>

四、知识链接

歌唱活动与其他教育活动的结合，主要表现在以下四个方面。

（一）歌唱活动与幼儿园语言活动的结合

歌词内容丰富，有情节、有人物、有形象，构成了一个相对完整的故事，这样的歌曲就可以结合语言活动让幼儿充分理解歌曲的情节和内容，体会歌曲所表达的情绪和情感，使幼儿更好地学习和掌握歌曲。

（二）歌唱活动与幼儿园美术活动的结合

歌曲形象生动、鲜明，具有较强的视觉联想效果，可以自然地结合幼儿园美术活动来组织教学。

（三）歌唱活动与幼儿园科学活动的结合

歌曲可以结合幼儿园科学探究活动、数学认知活动、自然常识活动、观察活动等，帮助幼儿丰富生活经验和情感经验，加深对歌曲的理解和记忆，更加生动准确地表现歌曲。

（四）歌唱活动与幼儿园其他教育活动的结合

在组织幼儿的歌唱活动中，可以运用各种直观的道具、玩具等教具，以多种形式演绎歌曲，使之变得更加直观、生动、形象，帮助幼儿更深刻地理解和掌握歌曲内容。

项目二　幼儿园韵律活动的认知与实施

项目介绍

音乐和律动是幼儿的本能，是幼儿的一种生活方式。音乐和律动不仅能发挥幼儿的音乐和运动天赋，还能有效促进幼儿的全面发展。这种促进，不仅是一种润物无声的教育，更是一种充满乐趣的学习过程。

幼儿园韵律活动重在发展幼儿身体艺术表现力的同时，使幼儿掌握必要的音乐和律动的知识与技能，继而实现自身全面发展。幼儿园韵律活动的设计与实施重在掌握幼儿园韵律活动的本质、设计的原则和实施的方法，以及各环节应该注意的问题。

本项目以幼儿园韵律活动教学实践操作为重点，阐述了幼儿园韵律活动的主要教学内容、韵律活动设计与实施的原则与方法。通过线上与线下结合的学习方式从“学”出发，在实现“学会”目标的同时，达到“会学”的隐含目标。

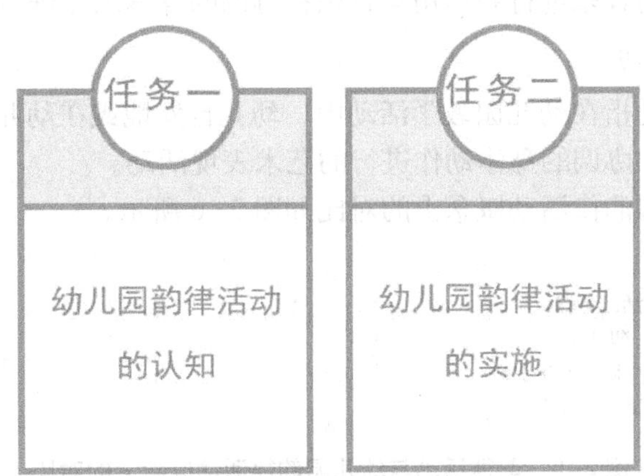

项目需求

1. 具有清晰的课程设计思路，能够根据素材规划出课程的各个环节。
2. 活动目标的撰写能力（分析、设定、表述）。
3. 熟悉活动过程几个大的方面（导入、感受、学习、巩固、延伸）。
4. 较好的评价与反思的能力。
5. 幼儿园韵律活动所需的音乐知识与技能。

预期效果

1. 掌握幼儿园韵律活动的本质、内容、标准和教学法，会分析、会应用、会反思、会创新。
2. 通过概念分析，掌握分析问题、研究问题的基本思路，养成善思的学习习惯。
3. 通过课前线上学习，提升总结和记忆的能力，逐步提高自主、严谨治学的能力。
4. 通过案例分析和实践，树立和践行“完整育人”的职业理念。

任务一 幼儿园韵律活动的认知

幼儿通过感受音乐，体验适合他们年龄阶段和发展需要的韵律活动和音乐材料，拥有丰富的音乐和韵律体验，这会给他们带来美的感受。

任务描述

（1） 线上学习幼儿园韵律活动的本质、韵律活动的内容与标准、韵律活动的教学方法。

（2）体会问题导向的自学引导过程，感悟分析问题和解决问题的思路与方法。

（3）培养独特有效的记忆方式，树立“理—实—理”的理念。

任务准备

一、幼儿园韵律活动的概念

1. 韵律活动

韵律活动是指伴随音乐进行并运用与音乐相协调的身体动作进行艺术表现的活动。

2. 幼儿园韵律活动

幼儿园韵律活动是指在幼儿园教学活动中，幼儿自发地或在幼儿教师引导下伴随音乐进行的并运用与音乐相协调的身体动作进行的艺术表现活动。

韵律活动与幼儿园韵律活动概念上的对比如图 2–6 所示。

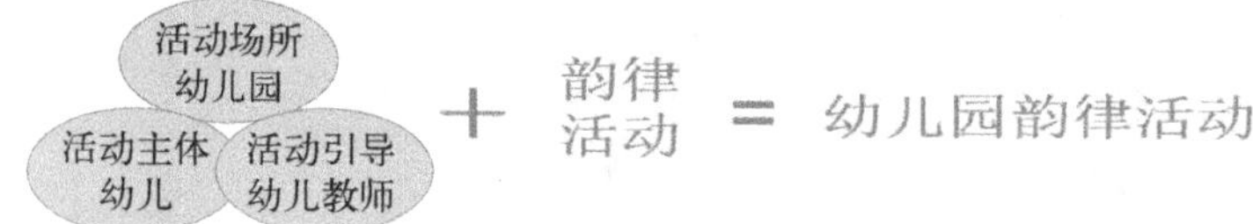

图 2–6 韵律活动与幼儿园韵律活动概念上的对比

暂停反思
准确理解概念是学习和解决问题最关键的一步。其中，文字是我们对概念理解的最重要的入手点和依据。由概念本体展开横向和纵向逻辑思考，就会逐渐深入所研究问题的核心。 对比、归纳是最有效的学习手段之一，由此及彼、举一反三就是这个道理。那么，如何归纳出幼儿园韵律活动的思考路线图呢？ 通过对两个概念的学习，你对“研究型学习”和“文字的感知能力”有怎样的体会和感受呢？

二、幼儿园韵律活动的教学内容

幼儿园韵律活动的教学内容如图 2–7 所示。

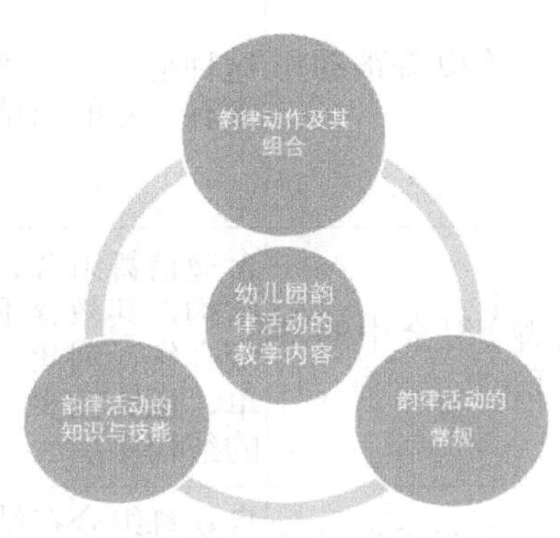

图 2–7 幼儿园韵律活动的教学内容

（一）韵律动作及其组合

韵律动作及其组合见表 2–11。

表 2–11 韵律动作及其组合

类型		含义	举例
韵律动作	基本动作	幼儿在反射动作基础上发展起来的生活动作	如走、跑、跳、摇头、点头、弯腰、屈膝、击掌、招手、抓握等
	模仿动作	幼儿在表现特定事物的外在形态和运动状况时所用的身体动作，还包括儿童模仿日常活动的动作	如鸟飞、鱼游，刮风、下雨，花开、树长等，还如锄地、撒种、骑马、打枪、织网、采茶、开飞机、开火车等
	舞蹈动作	人类在从事舞蹈活动的几千年中，经过多年的演化和进步而积累下来的艺术表演动作	所有的舞蹈动作是三种基本要素的混合：空间、时间和力量。其他影响动作的因素是流畅性、体重、身体知觉以及与其他人或物体的关系。除此之外，动作可以通过移动运动、原地运动、具象反应和两种或更多身体动作的结合产生。学前儿童学习的舞蹈动作主要是一些基本舞步，如 3 ～ 4 岁学习小碎步、小跑步；4 ～ 5 岁学习蹦跳步、垫步、踵趾小跑步、侧点步；5 ～ 6 岁学习进退步、溜冰步、交替步、跑跳步、跑马步、秋歌十字步等
韵律动作组合	身体节奏动作组合	近年来从国外介绍进来的韵律活动。组合中的动作均为简单的击打、顿踏动作，而且这些动作通常都是能够发出声音的。通常叫作“声势”	击掌、拍击身体的某个部位、捻指、用不同的方法踏脚等
	韵律模仿动作组合	韵律模仿动作组合中的动作多为模仿动作。这种组合既要注意动作的组织结构，又要注意对模仿对象的表现	如音乐结构 AB、ABA、ABC 等，在设计韵律模仿动作组合时也应该是与之相对应的结构

续 表

<table>
<tr><th colspan="2">类型</th><th>含义</th><th>举例</th></tr>
<tr><td>韵律动作组合</td><td>表演舞组合</td><td>表演舞组合中的动作以舞蹈动作为主</td><td>这种组合比较讲究动作的组织结构，其中有的含有一定的简单情节</td></tr>
<tr><td rowspan="2">韵律动作组合</td><td>集体舞组合</td><td>集体舞（含邀请舞）组合中的动作以舞蹈动作为主</td><td>含邀请舞组合，这种组合比较讲究动作的组织结构，其教育重点在于适应空间变化和人际交流合作。因此，这种组合中的动作一般比较简单，也比较少，同一动作反复进行是比较常见的结构手法</td></tr>
<tr><td>自娱舞组合</td><td>自娱舞蹈组合的重点在于自娱自乐</td><td>自娱舞组合在结构类型和结构方式上都比较自由。可以一个人跳，也可以几个人一起跳。舞伴之间的交流配合方式也十分自由和即兴</td></tr>
</table>

暂停反思
韵律动作及其组合是设计与实施幼儿韵律活动的基础，熟记和熟识韵律动作及组合是关键。能否将其进行归纳、简便记忆呢？

（二）掌握韵律活动的知识与技能

韵律活动的知识与技能包括基础动作、变化动作、组织动作、使用道具的知识与技能。

1. 基础动作的知识与技能

基础动作的知识与技能见表 2–12。

表 2–12 基础动作的知识与技能

基础动作的要素	举例
身体部位运动的方式	如手臂挥动的路线是直线、曲线还是弧线
身体部位的运动方向	如头部运动时是向上、向下、向前、向后，还是向左、向右
身体重心的控制	如无论移动或静止时，臀部都要尽量向里向上收，而不应该向下沉或向后撅
参与运动的身体部位的配合	如脚做垫步，手做“手腕转动”。又如在做摘苹果和放苹果的动作时，两眼要一直盯着手，头部要自然地配合眼睛运动

2. 变化动作的知识与技能

变化动作的知识与技能见表 2−13。

表 2−13　变化动作的知识与技能

变化动作的要素	表示方式	举例
变化动作的幅度	大、小	如手臂划圈时，可以画大圈，也可以画小圈
变化动作的力度	重、轻（强、弱）	如重重地踏脚、轻轻地踮脚走
变化动作的节奏	快、慢	如可以快速地，也可以缓慢地
变化动作的姿态	身体控制能力	如踏点步，动力腿可以在主力腿的任何方向

3. 组织动作的知识与技能

组织动作的知识与技能见表 2−14。

表 2−14　组织动作的知识与技能

组织动作的要素	举例	意义
按情节内容组织	如：小熊饿了，慢慢地走在森林中的小路上。小熊发现一个蜂巢，跑上前吃起蜂蜜来。小熊吃饱了，高兴地跳起舞来。（还可以进一步丰富故事，进而丰富动作表现）	这种方式有利于培养幼儿的理解力和表现力
按照身体部位的某种秩序组织	如自上而下（点头、耸肩、扭胯、屈膝、跺脚）、自下而上（反过来）、先拍手再跺脚等	这种方式有利于培养幼儿的秩序感
按照音乐的重复与变化的规律组织	音乐相同做相同的动作，音乐不同做不同的动作	这种方式有利于幼儿感知音乐的结构
按对称的原则组织	向左做一组动作后，再向右做一组相反的动作	这种组织方式有利于发展幼儿的均衡和对称意识
按主题动作组织	韵律动作组合中，某一个特定的动作反复出现或者反复变化出现	这种组织方式有利于发展幼儿的整体统一意识

4. 使用道具的知识与技能（亦可称为“动作的辅助要素”）

使用道具的知识与技能见表 2−15。

表 2−15　使用道具的知识与技能

道具的类型	意义
有利于动作发展的道具	加入道具，更容易让幼儿理解动作
有利于发展创造性的道具	加入道具可以开发幼儿的想象力，幼儿自己选择道具或者开发道具有利于提升创造性

暂停反思
任何一件事情都是由简单到复杂、由单元素到多元素、由低阶到高阶的递进过程。结合“掌握韵律活动的知识与技能”，谈谈你有何感想？

（三）韵律活动的常规

韵律活动的常规见表 2-16。

表 2-16　韵律活动的常规

活动开始和结束的常规	1. 听音乐的信号起立和坐下。 2. 听音乐的信号开始活动和结束活动。 3. 在没有特殊要求的情况下，活动后自己找空位子就座。 4. 活动结束时自己收拾道具和整理场地
活动进行的常规	1. 在规定的范围内活动。 2. 在没有队形要求的情况下，找比较空旷的地方活动。 3. 在自由移动的情况下，不与他人或场内的障碍物（道具、桌椅等）相撞。 4. 在自由结伴的活动中，迅速、安静地在规定时间内寻找、选择和交换舞伴，分组和分配角色。 5. 在自由结伴的活动中，热情而有节制地与舞伴交流、合作

由于进行韵律活动时幼儿经常处在运动和兴奋的不稳定状态，往往不容易投入活动中，只有保持良好的活动秩序才能使幼儿自己获得更大的身心愉悦。因此，幼儿参与韵律活动时也需要学习更多的、有关保持良好秩序的知识和经验。这些知识和经验的习得，既能培养幼儿的纪律性和责任感，又是韵律活动顺利进行的保证。

暂停反思
幼儿园教学活动存在一些共性的常规要求，利用韵律活动潜移默化地引导幼儿形成良好的行为习惯，尽快融入教师的活动之中是一个非常有效的手段。 对此，你有什么想法呢？如组织活动、有序回到自己的座位……

三、幼儿园韵律活动的内容标准

（一）幼儿园韵律活动的总体标准

幼儿园有效的班级韵律活动应该有以下几个特点

（1）支持幼儿的全面发展，包括韵律活动本身的、身体的 、情绪情感的、社会性的和认知的发展。

（2）认识到幼儿发展的广泛性，以及个体差异对教学指导的要求。

（3）通过与成人和其他幼儿，以及音乐材料的积极互动来促进学习。

（4）应由真实的、具体的，并与幼儿生活相关的学习活动和材料构成。

（5）给予幼儿从多样的音乐活动、材料和不同难度的动作表现中进行选择的机会。

（6）给予幼儿通过积极参与来探索韵律表现的实践机会。

（二）幼儿园韵律活动的内容标准

1. 身体各部分之间以及身体与头脑之间能够保持基本的协调

这是提升幼儿自我抑制能力、专注力非常有效的方法之一，身体各部分之间以及身体与头脑之间能够保持基本的协调，是幼儿做好任何事情的前提。从培养完整的人这个角度说，活动的本质是以韵律为手段的人的教育活动。

2. 身体运动时能够与音乐保持基本的协调

活动的本体还是音乐本身，活动不能脱离音乐。活动的目标是人的教育，是素养的培养而非专业教育。

3. 身体运动时能够与他人保持基本的协调

韵律活动中尊重他人，能够主动与他人合作，并按照要求进行肢体表现，是韵律活动进行社会性教育的优越性所在。

4. 身体运动时能够与周边环境中的物体以及空间保持基本的协调

环境中的空间和物体属于公共的资源或资产，尊重环境、爱护环境，与环境相协调，是幼儿最基本的价值观教育的体现。

简单地说就是，保持与自己、音乐、他人、环境的协调。

暂停反思
陶行知先生说：要解放孩子的头脑、双手、双脚、空间、时间，使他们充分得到自由的生活，从自由的生活中得到教育。 对照内容标准，你对幼儿园韵律活动的重要性有何认识？

（三）幼儿园韵律活动的动作标准

幼儿园韵律活动的动作标准见表 2–17。

表 2–17 幼儿园韵律活动的动作标准

动作的协调性	动作的随乐性	动作的表现性
创造学习氛围——轻松自由	自唱自跳——激发兴趣	观察
选择动作序列——循序渐进	教师参与——规范提升	模仿
始于舒适慢速——逐渐加速	由熟开始——降低难度	表现
举荐自然动作——自然协调	教师引导——提升质量	
明确动作和幼儿的差异——方法灵活、静待花开	真实表现——感受真实美	

暂停反思
幼儿园韵律活动是幼儿园五大领域活动的一部分，对标幼儿园教育活动目标，如何理解“以韵律活动为载体或媒介进行完整的人的教育”这句话？ 设计教学案例时，你能想到几条逻辑线路来体现整体规划呢？

四、韵律活动的教学法

幼儿园开展韵律活动常用的教学方法有三种，即直接教学法、引导发现法和运动探索法，见表 2–18。

表 2–18　韵律活动的教学法

类型	含义	举例
直接教学法	教师通过示范、模拟和模仿指导并教给幼儿	例如：可以向从未接触过伴随音乐画圈、拍手的幼儿演示并使之模仿
引导发现法	允许幼儿在教师的引导下进行试验	鼓励幼儿回应可以有各种各样答案的开放式问题
运动探索法	例如：可以让幼儿像小兔子一样蹦蹦跳跳地向前走。或者教师可以问学生“兔子是怎么移动的？”“盯防大灰狼外出觅食的小兔子是怎样移动的”“吃饱了在草地上玩耍的小兔子是怎样移动的？”等	例如：如果让儿童假装从一粒种子长成一棵大树，可能会产生许多种运动的结合。当把这个要求和音乐结合起来时，儿童就会进行更多的尝试，产生更多的可能性

暂停反思
看到“教学法”这个概念，你有没有联想到“教学方法”这个概念呢？你有没有想通过恰当的方式进行查阅、对比呢？ 陶行知先生曾说过一句话：好的先生不是教书，不是教学生，乃是教学生学。如何使用以上三种教学法让幼儿学会学，对此有什么想法？

五、韵律活动中需要注意的问题

（一）启发、引导学生参与活动

我们在日常生活中，除通过语言、动作、声音、图画等方式向别人表达自己的思想进行交流外，音乐也是我们可以进行交流的重要的手段之一。也就是说我们心里所想的事情，可以用音乐、动作等表现出来，使心（精神）和身（身体）相一致、相协调。最容易做也是被众多教师采用的消极、被动的“填鸭式”的教育方式，破坏了这种精神上的平衡，导致在幼儿期开始就缺乏这种平衡的发展，最后随着年龄的增长，这种不平衡就变得越来越严重。

所以，韵律活动教学应该从启发、引导幼儿内在的欲望出发，促使他们积极、主动地参与活动。比如，在音乐方面，要诱发幼儿“听”的欲望，引导幼儿注意听。这一点十分重要。

作为韵律活动教学起步的“即时反应”，就是为了达到这样的目的。比如，让幼儿在行进运动中听见强音立即模仿大树，听到弱音模仿小花。通过这种体验，幼儿对音的强弱就有了印象。进行这种指导时，教师开始可提供不规则的强音和弱音的变换，使幼儿对下面即将出现的音有一种期待感。逐渐地，音的变化变得有规则起来，幼儿逐渐对音的变化规则有一种预测，这样就获得了拍子的概念。这就是韵律活动教学的起步。

韵律活动教学的任何一个环节，都需诱发幼儿继续“玩”下去的欲望。即通过各种各样的方法，集中幼儿的注意力去听音乐，刺激他们对声音的敏感度，提高反应能力，同时培养注意力和观察力。而且，通过音乐和身体动作相结合的体态韵律教育，提高幼儿的判断能力、想象力和创作能力。

创造力不仅在艺术领域是不可缺少的，在自然科学和社会科学领域也是必须的。而一个人的创造力不是一朝一夕就能获得的。创造力是人对外界事物有一种异于常人的感悟能力，即人们常说的“悟性”，这种“悟性”日积月累，可促使人去想出或做出前所未有的事情。幼儿教育的特点是模仿，根据这个特点，幼儿教育可以多进行一些模仿活动，在模仿中逐渐激发幼儿在创造方面的“悟性”。通过这个过程，可不断开发出新的表现方法，进而发展幼儿的想像力、创造力。

总之，韵律活动教学最重要的是要调动、启发幼儿全部感官、机能，去“发现自身”的表现方法。韵律活动不单是用耳朵来听音乐，同时还要用身体动作来表现音乐。即所谓“全方位”地感受和表现音乐，这就是韵律活动所要求的音乐教育。

（二）力求身（动作）心（精神）的协调

所谓协调是指和谐一致、配合得当的状态。当我们观察人的行动方式时会发现，感官接收到刺激，然后传递到大脑，经大脑处理后发出指令，由机体表现出来。这种非常自然的、适当的由感官对行动的调整，使感官和动作达到平衡的状态，即形成协调。

音乐行为也类似这种情况。比如，一个钢琴演奏者在演奏作品时，通过视觉看谱子，再通过自己的手弹琴来表现音乐。也就是说，心里所描绘的内容，要在瞬间通过身体动作表现出来，这种状态就是身心协调的状态。具体地说，要把心里想的和眼睛与手、左手与右手、手与脚、耳朵与手等都相互配合起来。这种身心的协调能力是音乐表现中所必须具有的、不可缺少的能力之一。当然，这种能力也存在于其他的领域或生活之中。

这种协调能力发展的初始阶段，可以从幼儿的学步开始。比如，从抓着东西站起来，到开始行走，幼儿在身体的平衡和使用腿和脚的动作方面特别卖力气，这时的注意力全部集中到保持平衡和腿、脚的用力上面。经过走路动作不断反复，走路逐渐变成了一种下意识的行动，幼儿的注意力转向手或其他方面去。这个例子，就是从有意识动作到无意识动作的发展过程。

将上面这个例子运用到音乐表现行为当中，就是用肌肉也就是身体动作来“述说”音乐的过程，这就是韵律活动教学的过程。

（三）注意速度、力度、音高和活动空间的关系

教师要最大限度地尊重幼儿的自由表现，帮助、引导幼儿寻找一种最自然的用动作表现音乐的方法，设计出各种各样的活动，并且指导、帮助幼儿来完成。

我们知道，音乐是由强弱、速度和音高这些要素构成的。而在动作表现中还有空间这个要素，这些要素又互相联系。比如，在一般情况下进行快速活动时，用的力度就比较小，活动空间也就比较小；表现强力度的时候，要用较慢的速度，使用大的活动空间来加强强度；当速度渐快时，所占的活动空间就会越来越小，使用的能量也越来越小。当然，也有例外或截然相反的情况，这需要针对音乐所表达的情绪进行具体的分析和设计。

了解了这些要素之间相互关系的一般规律后，就可以创造出一种比较自然的音乐表现活动，创造出一种流动性的、活的节奏动作。

（四）处理好紧张、释放、复原的过程

任何一个动作都有一个“紧张—释放—恢复”的过程，如吹气球。当我们将气体吹送到一个气球中，气球逐渐地膨胀起来，这种膨胀的状态就是“紧张”，气球爆破的一瞬间就是“释放”；破了的气球或突然放了气的气球，又恢复到原来的状态，这就是“复原”。我们也可以从其他的动作中找到相似的情况，如打球、扔东西、投掷、接东西、敲鼓等。当然，在自然现象中、动物界的活动中以及机器的运行中也都有类似的情况。

从这个角度来说，音乐的流动过程也和上面所说的“紧张—释放—复原”的过程一样。比如，乐队指挥开始指挥乐队的动作，歌者开始唱歌时的吸气动作，都是“紧张”的过程，这种动作幅度的大小决定实际演奏、演唱时的声音大小和音质，这就像往气球中吹气一样。然后是释放和复原。随后，循环往复这个过程。听音乐也是一样，当高潮来临，音乐达到“紧张”状态，听者精神上也达到一种紧张的状态，然后音乐松懈、回归，听者放松、复原。

韵律教学要注意处理好这个“紧张—释放—复原”过程，在活动实践中充分体验这个过程。

（五）恰当地获得各种音乐概念

理解音乐的构成要素、获得一些音乐概念是幼儿表现、创造音乐的基础。韵律活动教学就是一边听音乐进行活动，一边学习相关的音乐知识的过程。

韵律活动教学中要掌握的音乐知识（音乐概念）包括以下八个方面：

（1）基础节奏：掌握和表现四分音符、二分音符、八分音符、附点八分音符等音符时值。

（2）节拍和拍子：寻找出有规则的、循环进行的节拍重音。

（3）节奏型：掌握由基础节奏组合而成的各种节奏型。

（4）节奏乐句：感受节奏运行的组合。

（5）复合节奏：把握同时进行两种以上的节奏。

（6）二对三节奏：体验、感受同一时间中音乐进行的二等分分割和三等分分割节奏。

（7）卡农式节奏：把握两个或两个以上声部在间隔一定时间上的类似节奏。

（8）视唱练耳：理解和表现音乐的要素，如音的高低、旋律、音阶以及和声等。

我们必须强调：韵律活动教学不是只在理论上、理解上学习音乐的概念，而是通过大量的感性实践，通过具象到抽象的过程来获得各种音乐概念。

（六）落实好韵律活动应该包含的重点内容

每一节幼儿体态韵律课，大体上包括以下四个内容要点：

1. 即时反应练习

给幼儿一个信号，让幼儿对这个信号迅速做出反应。这个信号可以是一种声音或是一种动作，当幼儿看见、听见信号后，立即做出某种动作反应。

比如，让幼儿和着音乐行走，在音乐停顿的时候（音乐停止就是一个信号），迅速拉住旁边人的手（反应）；当音乐再次开始进行时（音乐又开始是一个信号），继续和着音

乐像前面那样行走（反应）；当再次听到音乐停顿（一个信号），继续做拉手动作（反应）。依此连续进行下去。

这种练习有助于培养幼儿对时间、强弱、快慢等的感受能力。

暂停思考
你能想到的： 发出信号的形式有哪些？可以借助哪些道具？   综合起来看，韵律活动的教学是不是非常丰富多彩了？

2. 基础内容练习

在进行即时反应练习之后，进行基础内容练习。例如，基本节奏、基本拍子、各种节奏型、音乐结构、音的高低等。

3. 创作活动

让幼儿自己创作节奏或相应的动作等。

4. 开放性活动

以身体活动的形式，进行自然的、不用预先编演的活动。

比如：和着音乐的强弱、缓急变化进行跑、跳；或者和着音乐模仿故事中的人物、动物、自然的景物做动作等。

教师可以根据活动的需要增加“放松活动”内容，如果在开放性活动环节达到了放松的目的，也可以省略。总之，在这里为幼儿提供一个充分体验身体运动乐趣的机会。

应用上述要点时，要注意上述各内容之间的连贯性。

执行任务

一、执行流程

执行流程如图 2–8 所示。

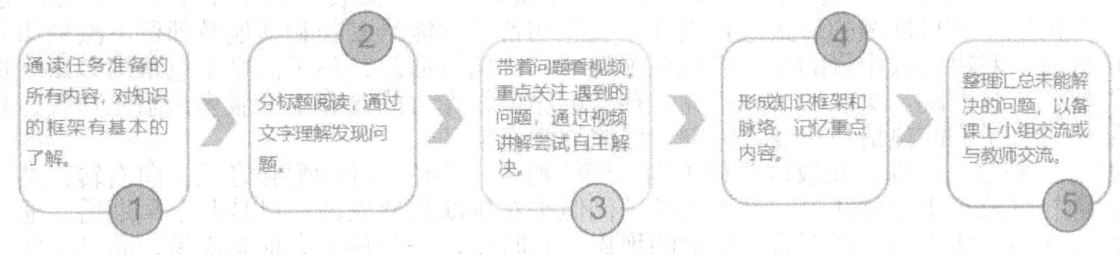

图 2–8　执行流程

二、执行效果

执行效果评价见表 2–19。

表 2–19 执行效果评价

<table>
<tr><td>内容</td><td colspan="4">案例</td></tr>
<tr><td>幼儿园韵律活动</td><td colspan="4">案例一
音乐 + 身体动作 = 艺术表现
↓ ↓ ↓
（什么样的音乐） （什么样的动作） （表现什么）
↓ ↓ ↓
（如何选择音乐） （如何选择动作） （如何选择表现目标）
↓ ↓ ↓
（音乐在活动中的作用） （动作在活动中的作用） （表现在人的培养中的作用）
↓ ↓ ↓
（如何在活动中使用音乐） （如何在活动中使用动作） （如何实现表现目标）</td></tr>
<tr><td>幼儿园韵律活动</td><td colspan="4">成果展示：
（幼儿 + 幼儿教师）+ 音乐 + 身体动作 = 幼儿园韵律教育活动
↓ ↓ ↓ ↓ ↓
（活动中的地位）（活动中的地位）（什么音乐）（ ）（ ）
↓ ↓ ↓ ↓ ↓
（ ）（任务与职责）（谁来确定）（ ）（ ）
↓ ↓ ↓ ↓ ↓
（ ）（具备哪些能力）（音乐的作用）（ ）（ ）
↓ ↓ ↓ ↓ ↓
（ ）（价值体现）（如何使用）（ ）（ ）</td></tr>
<tr><td rowspan="2">幼儿园韵律活动</td><td rowspan="2">自我评价</td><td>等级评价</td><td>非常满意</td><td>满意</td></tr>
<tr><td>语言描述</td><td colspan="2"></td></tr>
<tr><td>幼儿园韵律活动的教育内容</td><td colspan="4">案例二
一名毕业生的烦恼
因为我音乐方面的能力比较好，尤其是舞蹈方面比较突出，园长任命我为音乐韵律活动设计组的组长。一学期总的要求是：有特色、有成果、有展示。
这是我第一次负责这样的工作，十分激动，并且园长对我寄予了厚望。我决定整个园以小剧目展演的形式进行设计。我急切希望这能给家长和其他教师留下深刻印象。因此，我决定教中班的女孩们跳芭蕾舞《花之圆舞曲》，孩子们穿上芭蕾裙多么高贵典雅。男孩们跳《勇敢的小战士》，孩子们穿上带弹力的迷彩小军服多么阳光帅气。我憧憬着孩子们的热情与喜爱，憧憬着展演的掌声雷动。
整整一学期，我教这些孩子们准确的舞步、手位、准确配合音乐、向右转、站立、敬礼以及迈步和跳跃。一开始，孩子们似乎对排演很感兴趣，可是几个星期后，他们就表现出情绪不高涨甚至有些抵触的现象。有时候，一些孩子会抱怨说累，而另一些孩子则表现出自控能力差，容易受外界干扰，做出不恰当举止，喜欢打闹和表现出不愉快的心情。
尽管如此，我们还是在学期结束完整地展示了一学期的活动成果。家长们对这个表演非常满意，他们非常喜欢。我们大家也在庆祝自己在这个节目中的精彩表演。
但是有一件事我着实不解：活动结束后的几周里，孩子们不想让我在课堂时间播放这两首音乐，为什么孩子变得抵抗呢？这样的情况持续了好长时间。</td></tr>
</table>

续　表

<table>
<tr><th>内容</th><th colspan="5">案例</th></tr>
<tr><td>幼儿园韵律活动的教育内容</td><td colspan="5">成果展示：
问题一：这个故事是一位毕业生真实的经历。结合幼儿园韵律活动的教育内容，分析这位同学存在哪些问题，如何修正。

问题二：结合你所掌握的幼儿教育知识，还能想到哪些问题？</td></tr>
<tr><td rowspan="2">幼儿园韵律活动的教育内容</td><td rowspan="2">自我评价</td><td>等级评价</td><td>非常满意</td><td>满意</td><td>不太满意</td></tr>
<tr><td>语言描述</td><td colspan="3"></td></tr>
<tr><td>幼儿园韵律活动的内容标准</td><td colspan="5">案例三
幼儿园大班韵律活动教案：小兔聚会
一、活动目标
1. 熟悉乐曲旋律、结构与节奏，能用小兔“跳、蹦”的基本动作跳出“前、后、前前前”的方位动作。
2. 大胆探索创编玩偶兔娃娃的动作，并能和着音乐节奏做动作。
3. 享受游戏所带来的快乐，发展空间协调能力和与同伴合作的能力。
二、活动准备
1. 兔子头饰、玩偶兔娃娃。
2. 兔子舞音乐。
三、活动过程
听音乐《走路》进场，围半圆坐。
1. 幼儿坐成半圆形欣赏音乐，感受快乐情绪。
幼儿欣赏音乐，并自由做节奏动作，如拍手、拍腿等。
2. 讲述玩偶兔娃娃的故事，探索创编玩偶兔娃娃的动作。
师：“这首乐曲讲了一个玩偶兔娃娃开音乐会的故事。夜幕降临的时候，森林里一片安静，玩偶兔娃娃聚在草地上，围坐成一个大圆圈。当有魔力的音乐传来，奇迹出现了，玩偶兔娃娃全身活动起来，跳起了快乐的兔子舞。”
师：“让我们一起变成兔娃娃，起来跳舞吧。”幼儿创编玩偶兔娃娃的舞蹈动作，全体幼儿表演玩偶兔子舞。
3. 学习小兔跳、蹦两个基本动作。学习第一个基本动作：兔子跳。
师：“学会了玩偶兔娃娃的舞蹈，你们想不想去参加小兔音乐会啊？兔娃娃告诉我说，要想参加小兔音乐会还要学会兔子跳，你们会不会啊？”
请幼儿上来学兔子跳。
师：“对了，兔子跳是用脚尖轻轻地跳，低低地跳，像我这样。还要有节奏地跳，瞧这样。”教师示范，幼儿伴乐自由练习。
学习第二个基本动作：兔子蹦。
师：“兔娃娃们跳得真不错，如果再加上兔子蹦起来的动作就更好看了，瞧我这样。”教师示范，幼儿伴乐自由练习。</td></tr>
</table>

续　表

<table>
<tr><th>内容</th><th colspan="5">案例</th></tr>
<tr><td>幼儿园韵律活动的内容标准</td><td colspan="5">4. 组合兔子跳和蹦两个基本动作。教师戴上头饰：“现在，让我这个兔姐姐带你们去参加兔子音乐会吧！”
幼儿用基本动作组合成韵律前行。
5. 组织幼儿跳舞出场。
师：“瞧，这里就是开音乐晚会的大草地。咦？怎么没人？”教师看表皱眉说：“哎呀，今天我们练兔子舞迟到了，小兔音乐会结束了，明天才有。让我们回去休息休息，养足精神，明天再来吧，小兔子回家咯！”
幼儿跳舞出场。</td></tr>
<tr><td rowspan="3">幼儿园韵律活动的内容标准</td><td colspan="5">成果展示：对照幼儿园韵律活动的内容标准对案例进行分析。
问题一：案例的设计对标了哪些标准？
问题二：对于此案例你最欣赏的地方在哪里？为什么？</td></tr>
<tr><td rowspan="2">自我评价</td><td>等级评价</td><td>非常满意</td><td>满意</td><td>不太满意</td></tr>
<tr><td>语言描述</td><td colspan="3"></td></tr>
<tr><td rowspan="4">韵律活动教学的教学法</td><td colspan="5">案例四
继续沿用案例三</td></tr>
<tr><td colspan="5">成果展示：
问题一：分析案例三中教师应用了哪几种教学法？语言上是如何体现的？
问题二：对于教学法的应用，你有什么想法？</td></tr>
<tr><td rowspan="2">自我评价</td><td>等级评价</td><td>非常满意</td><td>满意</td><td>不太满意</td></tr>
<tr><td>语言描述</td><td colspan="3"></td></tr>
</table>

三、自我评价

自我评价表见表 2–20。

表 2–20　自我评价表

记忆能力成果	掌握的知识：
	未掌握的知识：
分析能力成果	分析能力的成果：
	遇到的困难：
实践能力成果	能应用于实践的知识：
	实践有困难的知识：
创新能力成果	创新方面的成果：
	创新方面遇到的困难：

四、知识链接

德国著名的音乐教育家奥尔夫说过，音乐教育应始于动作。

确实，在学前儿童的音乐活动中，身体动作和音乐往往是密不可分的，动作是儿童表达和再现音乐的一种最直接而自然的手段。韵律活动既能够满足儿童对音乐的参与、探究的需要，获得表现和交流的快乐体验，又能够促进儿童身体运动能力和协调性的发展以及音乐感受力、表现力和创造力的培养。因此，学前儿童韵律活动能力的发展有一个渐进的过程，体现出一定的年龄阶段特点。

（一）韵律活动教学的教学法

1. 直接教学法

直接教学法属于高度组织化的教师中心教学法，其特点是教师指导和控制，儿童跟随一系列指令做动作。直接教学法活动中，所有的儿童在同样的时间和教师做着同样的事情，导致儿童缺乏创造性。

2. 引导发现法

引导发现法是一个以儿童为中心的方法，鼓励创造发明和实验，主张儿童自己寻找发现正确答案。

对于大一些的学龄前儿童，引导发现法最适合不过了。例如，教师提出几个问题，引导儿童发现如何做前滚翻。教师可以请儿童示范一个倒立的姿势或者展示如何用肚皮贴着地板躺下，而不是教师示范给儿童。随后，教师问问儿童，他们是否能向前滚动一下，做出同样的动作。当使用引导发现法时，记住所有儿童的回应都是“正确的”，这很重要。儿童有大量的时间去发现实现目标的方法，教师可以一直提问、给出建议，直到得到结果。要记住“引导发现法要比直接教学法花费更长的时间”，同时记住“许多教育者感觉它的收益远远大于时间因素”。

3. 运动探索法

运动探索法是儿童教育中最常使用的方法。如果给儿童很多开放的机会来进行运动探索，答案就会是各种各样的。例如，如果让儿童同时移动身体的两个部位，一些儿童可能移动他们的双臂，而另一些可能会移动他们的一条胳膊和一条腿。这种方法鼓励儿童发现他们自己的反应方法。教师应该允许儿童用试验的方法解决问题，不应干预或者做示范。探索需要时间和耐心，通过探索，儿童用他们自己的能力创造性地探索这个世界。探索允许每名儿童以他自己的发展水平和能力水平参与，并获得成功。除了建立自信和获得持续稳定的成功，这个过程也能增强儿童的独立性。

图 2-9 是上述三种教学法的应用比例对比。

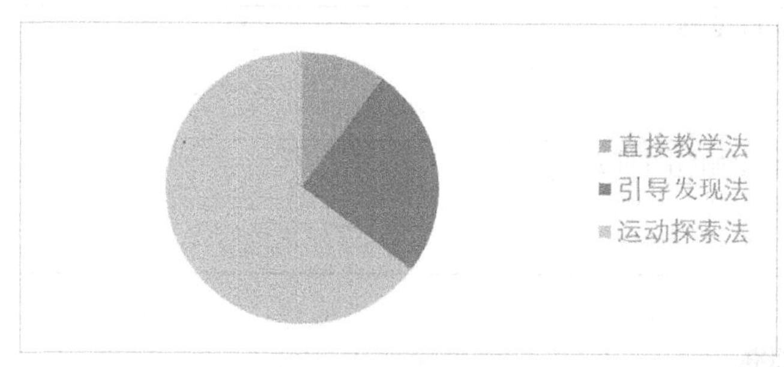

图 2-9　三种教学法的应用比例对比

（二）名家思想荟萃

许卓娅指出，幼儿园的韵律活动泛指所有伴随音乐进行的身体艺术表现活动。其特殊的具体发展标准主要体现在：身体各部分之间以及身体与头脑之间能够保持基本的协调性；身体运动时能够与音乐保持基本的协调性；身体运动时能够与他人保持基本的协调性；身体运动时能够与周围环境中的物体以及空间保持基本的协调性。

——许卓娅. 学前儿童音乐教育 [M]. 北京：人民教育出版社，2010.

菲里斯·卫卡特通过问卷调查等研究发现，许多成人无法做出简单的动作，是因为在幼儿期没有机会进行相关的动作学习，入小学时，其动作技巧的发展并不纯熟，则在往后的生活里也无法通过“自然的”经验而获得这些动作技巧。此外，有许多与儿童共事的成人也并不清楚某年龄层的儿童能做及应该会做哪些动作。

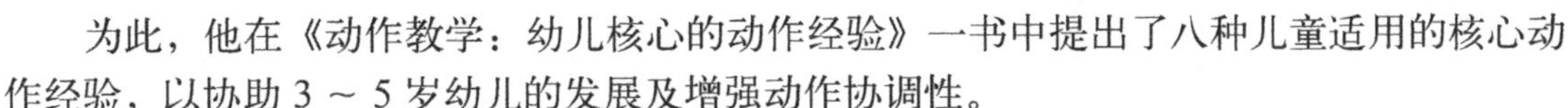

为此，他在《动作教学：幼儿核心的动作经验》一书中提出了八种儿童适用的核心动作经验，以协助 3 ～ 5 岁幼儿的发展及增强动作协调性。

这八种儿童适用的核心动作经验依次为：

（1）跟随动作指令（需要听觉、视觉、触觉／运动觉的译解）；

（2）描述身体动作（使用语言）；

（3）非移动式的身体动作（不用移动身体的重心）；

（4）移动式的身体动作（需转移重心）；

（5）物体一起做身体移动；

（6）在身体动作中表现创意；

（7）感受及表达节拍；

（8）与别人一起随着一般的节拍做动作。

卫卡特认为这八种经验是支持儿童整体动作技巧发展的基石，是儿童顺利上音乐课的基础，对儿童在学校的整体表现也有影响。因此，他对每一种核心经验都进行了具体的概述，并向儿童介绍这些经验的方法和活动建议。

——卫卡特．动作教学：幼儿核心的动作经验［M］．林翠湄，译．南京：南京师范大学出版社，2006．

琳达卡·罗尔·爱德华兹在《音乐与韵律：创造儿童的另一种生活方式》一书中，介绍了美国儿童韵律和舞蹈的国家标准（规定每个孩子在艺术领域中应该知道什么，能够做什么）。这些标准为儿童教师提供了框架，帮助教师设计与发展适宜的儿童韵律课程。

这些标准包括：

（1）儿童精确地做出原地／轴向动作，如弯曲、扭动、伸展和旋转；

（2）当儿童在向前、后、两侧、斜对角移动和转身时，能精确地进行八种基本的移动动作，如走、跑、单腿跳、双脚跳、大跨度跳跃、快跑、滑和两脚交替跳；

（3）儿童能在低、中、高三种水平上塑造形象；

（4）儿童能展示出定义和维持个人空间的能力；

（5）儿童能演示出直线运动和曲线运动；

（6）儿童能展示出随音乐节拍做韵律和回应速度变化两方面的精确性；

（7）儿童能表现出运动知觉和专注力，并且能专心地展示运动技巧；

（8）在一个简单的动作学习中，儿童能专心地观察和精确地描述动作和运动元素（如水平、方向等）。

——爱德华兹．音乐与韵律：创造儿童的另一种生活方式［M］．冯婉桢，译．北京：机械工业出版社，2015．

五、案例收集

将自己查阅到的最喜欢的案例，按照年龄段进行整理，分类归档，逐渐建立自己的资料文件夹。如果在每个案例后面能够写上一两句自己的心得就更好了，坚持下来就会发现自己逐渐变成了一名知识储备丰富的成熟型幼儿教师。

任务二　幼儿园韵律活动的实施

幼儿园韵律活动的实施是对任务一中基础知识的具体应用，也是对自己所学知识的实践检测。依据任务一基础知识的要求与提示进行有效教学的具体设计、实施和评价与反思，以提升教师的设计、实施和评价与反思能力。

任务描述

（1）通过课前视频学习完成韵律活动案例分析与相关知识的复习与巩固。

（2）整理案例的教学设计环节和教学策略，对教学实施方案的撰写语言进行分析与批注。

（3）课中对教案分析进行评述并解决遇到的问题。

（4）完成教学案例的撰写与实际实施的体验与展示。

（5）完成评价与反思的撰写与整理。

任务准备

下面是幼儿园韵律活动的案例及分析。

一、“同一能力”在相同年龄段的“多途径”教学活动

（一）案例展示

案例 1

小班韵律活动《小蜜蜂》1

一、活动目标

（1）情感目标：体验韵律活动的乐趣，尝试在活动中表达自己的想法并敢于表现自己。

（2）认知目标：感受、表现四分音符和二分音符组成的均匀节奏，感受表现节奏的疏密。

（3）能力目标：能随着音乐用小蜜蜂采蜜的动作来表现四分音符和二分音符，能用模仿小蜜蜂飞舞的动作准确地表现稳定的四二拍。

二、活动准备

（1）经验准备：在成人的看护下观察蜜蜂飞的姿态和采花粉的状态。

（2）物质准备：坐垫每人一个。

三、活动过程

（一）即时反应练习：认识和感受圆

围圆圈

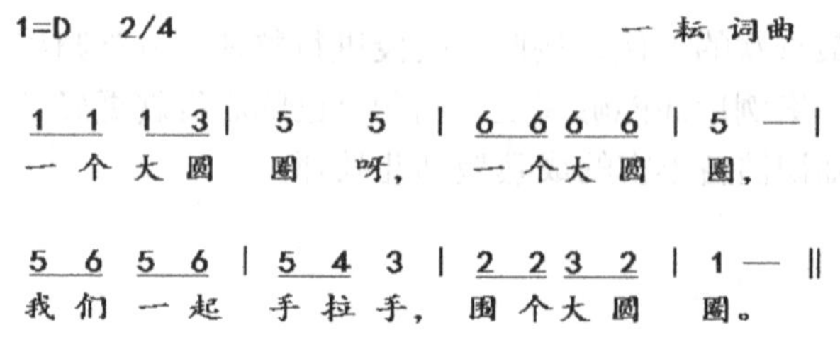

1=D　2/4　　　　一耘 词曲

1 1 1 3 | 5 5 | 6 6 6 6 | 5 — |
一 个 大 圆 圈 呀， 一 个 大 圆 圈，

5 6 5 6 | 5 4 3 | 2 2 3 2 | 1 — ‖
我 们 一 起 手 拉 手， 围 个 大 圆 圈。

(1) 教师站在教室中间，演唱秩序歌曲《围圆圈》，引导幼儿自觉主动地离开自己的座位（或从不同的活动区域走过来），手拉手围成一个圆。

(2) 教师变化歌词，以歌词为指令引导幼儿完成动作指示。

歌词：一个小圆圈呀，一个小圆圈，我们一起手拉手，变个小圆圈。

（小朋友们集体向圆内行走，变成一个小圆圈。）

一个大圆圈呀，一个大圆圈，我们一起手拉手，变个大圆圈。

(3) 教师提示幼儿闭上眼睛，在教师歌声指令下完成动作。

要求：步子小，慢慢走，变小圆圈时以碰到左右小朋友的手臂为准，变大圆圈时以手臂伸平为准。

(4) 停止在大圆圈的位置，助教将小坐垫一一分发给幼儿，让幼儿在大圆圈位置坐好。

教师：嗡嗡嗡，嗡嗡嗡，小朋友们，你们听这是哪个小昆虫飞舞时发出的声音？

幼儿回答（或教师有目的地指定幼儿回答。目的可以是多方面的：腼腆胆小的幼儿、不爱交流的幼儿、遵守纪律但总插不上嘴的幼儿……教师在幼儿回答的基础上，点出今天这个“嗡嗡嗡”的声音是小蜜蜂。

教师：我们说出了这么多的小昆虫飞舞时会发出“嗡嗡嗡”的声音，今天飞进我们教室的是小蜜蜂。跟老师一起来表演一下小蜜蜂是怎样飞舞的吧。

（二）基础内容练习：稳定拍与节奏感知

小蜜蜂

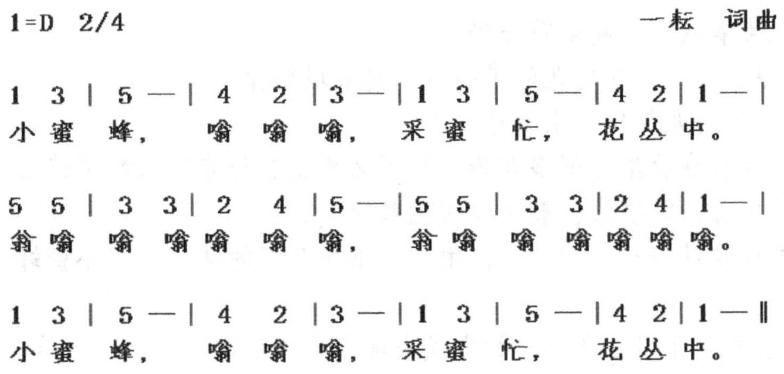

1=D 2/4　　　　　　　　一耘　词曲

1 3 | 5 — | 4 2 | 3 — | 1 3 | 5 — | 4 2 | 1 — |
小 蜜 蜂，　嗡 嗡 嗡，　采 蜜 忙，　花 丛 中。

5 5 | 3 3 | 2 4 | 5 — | 5 5 | 3 3 | 2 4 | 1 — |
嗡 嗡 嗡 嗡 嗡 嗡 嗡，　嗡 嗡 嗡 嗡 嗡 嗡 嗡。

1 3 | 5 — | 4 2 | 3 — | 1 3 | 5 — | 4 2 | 1 — ‖
小 蜜 蜂，　嗡 嗡 嗡，　采 蜜 忙，　花 丛 中。

韵律说明：

1～4小节：双手合十，指尖向前，以小节为单位向左再向右做小蜜蜂飞舞状，向左时右手在上，向右时左手在上。

5～6小节：双手五指自然分开，掌心向下，双手一起抖动做小蜜蜂飞起状，双手抬高至眼睛前上方。

7～8小节：7小节保持在眼睛前上方，8小节双手下落到双腿上，模仿小蜜蜂落在花朵上。

9～16小节：半握拳，按照节奏左右手交替敲打地板，模仿小蜜蜂做工状。

17～24小节：重复1～8小节的动作。

可加结束动作：唱9～16小节的旋律，重复9～12小节的动作，13～16小节做小蜜蜂飞走状（也可以将手落在小朋友的身后）。

（1）教师边做动作边演唱，让幼儿认真观察并模仿跟随。

（2）教师边唱边与幼儿一起做动作，注意观察幼儿的完成情况。

（3）教师可以在每一部分的结束小节加上节奏〇 ××× 或〇 × ×（嘴里可以用不同的声响表现出来作为伴奏，以提示幼儿此音比较长不要着急）。

（4）待幼儿基本能完成时，教师提出问题。

教师：我们做的动作像是模仿小蜜蜂在做什么呢？

幼儿：采花蜜。

教师：小蜜蜂飞来飞去，落到花朵上，收集花粉和花蜜，采完一朵又继续寻找下一朵。大家的生活经验和想象力可真是丰富，好吧，让我们变成一只勤劳的小蜜蜂来采花蜜吧。

（5）教师和幼儿一起完成韵律。

（三）创作活动——观察学习，用自己创作出的小蜜蜂飞去的动作表现2/4拍

（1）教师启发幼儿创作小蜜蜂飞舞的动作。

教师：你看到或想象的小蜜蜂还会怎样飞舞呢？表演给大家看看吧！

（幼儿表演或边表演边介绍自己创作的动作。）

教师：你能带着我们一起飞舞吗？

（2）教师哼唱旋律，在幼儿的带领下一起表现韵律。

（3）教师启发幼儿创作小蜜蜂做工的动作。

教师：你看到或想象的小蜜蜂是怎样采花粉的呢？表演给大家看看吧！

（幼儿表演或边表演边介绍自己创作的动作。）

教师：你能带着我们一起采花粉吗？

（4）教师哼唱旋律，在幼儿的带领下一起表现韵律。

（5）教师启发幼儿创作结束动作。

教师：小蜜蜂现在收集了好多花粉，接下来要把花粉带回家酿成蜂蜜，让我们一起回家吧！我们可以用自己想要的、最幸福的飞舞状态回家。

（四）开放性活动——释放自己，用与音乐相匹配的动作表现小蜜蜂飞舞、吸吮花蜜和采花粉

（1）教师引导幼儿用自己喜欢的方式表现音乐的韵律。

（2）教师有目的地指定1～2名幼儿带领大家表现韵律。

教师：我们把小坐垫看作采的花粉，现在让我们把花粉送回蜂巢吧。小蜜蜂是很有秩序地回家的，要不然花粉就碰撒了。

（3）在教师的引导下，幼儿将小坐垫整齐地放回原处。

（五）放松活动

教师：采了这么长时间的花粉和花蜜，太累了，让我们舒展一下身体吧。

教师带领幼儿进行随着舒缓的音乐放松。

教师：舒展一下我们的小翅膀

（教师可以即兴哼唱旋律，也可以将小蜜蜂的旋律进行改词，还可以选用舒缓的音乐……）

教师：伸伸我们的小手臂。

教师：弯弯我们的腰。

教师：好啦，小蜜蜂工作结束，可以到喜欢的区域做自己的事情啦，都飞走吧！

（幼儿分散到个区域角，进行活动。前提是教师已经将与蜜蜂有关的物品放置在了各个区域角。）

四、活动延伸

（1）延伸到美工区，用小工具或者手指画画出想象中的小蜜蜂。

（2）延伸到语言区，阅读与小蜜蜂相关的绘本，记录心得。

（3）延伸到科学区，拆装小蜜蜂的模型，了解小蜜蜂的身体结构。

案例2

小班韵律活动《小蜜蜂》2

一、活动目标

（1）情感目标：体验韵律活动的乐趣，尝试在活动中表达自己的想法并敢于表现自己。

（2）认知目标：感受、表现四分音符和二分音符组成的均匀节奏，感受表现节奏的疏密。

（3）能力目标：能随着音乐用小蜜蜂采蜜的动作来表现四分音符和二分音符，能准确地模仿用小蜜蜂飞舞的动作表现稳定的四二拍。

二、活动准备

（1）经验准备：在成人的看护下观察蜜蜂飞的姿态和采花粉的工作状态。

（2）物质准备：坐垫每人一个。

三、活动过程

（一）即时反应练习：认识和感受圆

（曲目与案例1相同）

（1）教师站在教室中间，演唱秩序歌曲《围圆圈》，引导幼儿自觉主动地离开自己的座位（或从不同的活动区域走过来），手拉手围成一个圆。

（2）教师变化歌词，踩四分音符节奏，以歌词为指令引导幼儿完成动作指示。

教师：我们这个圆圈可以变化吗？

（幼儿积极思考，提出创意，教师按照幼儿的想法进行变化。）

歌词：一个小圆圈呀，一个小圆圈，我们一起手拉手，变个小圆圈。

（小朋友们集体向圆内行走，变成一个小圆圈。）

一个大圆圈呀，一个大圆圈，我们一起手拉手，变个大圆圈。

教师：我们还能变再小一点的圆圈吗？

（教师从幼儿的建议中进行筛选，按照幼儿的想法变出小一点的圆圈。）

（3）在幼儿的引导下教师脚下踩八分音符节奏，完成动作变化。

教师：我们刚才是这样走来进行大圆圈和小圆圈的变化的，我们还可以怎样走呢？

（教师从幼儿的建议中进行筛选，按照幼儿的想法脚下踩八分音符节奏变出小一点的圆圈。）

提示：教师可以根据幼儿走的位置来确定大圆圈和小圆的行走顺序。

（4）在幼儿的引导下脚下踩二分音符节奏，完成动作变化。

教师：刚才有小朋友提议这样走来进行大圆圈和小圆圈的变化，我们让他来做一次小老师好吗？

(5) 活动升级：三种节奏穿插韵律。

教师：刚才我们用了三种不同形式的步伐来进行大圆圈和小圆圈的变化，它们有什么不同呢？

(教师从幼儿的回答中提炼：快慢的不同，并及时鼓励和肯定幼儿的想法。)

提示1：三个乐句分别采用：快速（八分音符）→中速（四分音符）→慢速（二分音符）；中速→快速→慢速……

提示2：教师要注意观察幼儿的表现，依据幼儿的现场反应来确定速度和节奏变化的难易程度，不能急于求成。

(6) 停止在大圆圈的位置，助教将小坐垫一一分发给幼儿，让幼儿在大圆圈位置坐好。

教师：我们给大家留了一个小任务，在家长的陪同下观察小蜜蜂飞舞和采花蜜的状态，有哪个小朋友和大家交流一下呢？

幼儿回答或教师有目的地指定幼儿回答。目的可以是多方面的：腼腆胆小的幼儿、不爱交流的幼儿、遵守纪律但总插不上嘴的幼儿、注意力不集中需要提示注意听讲的……教师在幼儿回答的基础上，总结出韵律歌曲的歌词。

教师：大家观察得可真仔细。我把大家交流的内容编成了一首儿歌，大家听一下对不对呢？

小蜜蜂，嗡嗡嗡，采蜜忙，花丛中。嗡嗡嗡嗡翁嗡嗡，嗡嗡嗡嗡翁嗡嗡。小蜜蜂，嗡嗡嗡，采蜜忙，花丛中。

跟老师一起来表演一下小蜜蜂是怎样飞舞的吧。

(二) 基础内容练习：稳定拍与节奏感知

小蜜蜂

1=D 2/4　　　　一耘　词曲

1 3 | 5 — | 4 2 | 3 — | 1 3 | 5 — | 4 2 | 1 — |
小 蜜 蜂， 嗡 嗡 嗡， 采 蜜 忙， 花 丛 中。

5 5 | 3 3 | 2 4 | 5 — | 5 5 | 3 3 | 2 4 | 1 — |
翁 嗡 嗡 嗡 嗡 嗡 嗡， 翁 嗡 嗡 嗡 嗡 嗡 嗡。

1 3 | 5 — | 4 2 | 3 — | 1 3 | 5 — | 4 2 | 1 — ‖
小 蜜 蜂， 嗡 嗡 嗡， 采 蜜 忙， 花 丛 中。

(可加结束动作：做小蜜蜂飞走状，也可以将手落在小朋友的身后。)

(1) 教师边拍二分音符节奏边带领幼儿熟悉旋律，让幼儿认真观察并模仿跟随。

(教师边唱边与幼儿一起做动作，注意观察幼儿的完成情况。)

(2) 教师边拍四分音符节奏边带领幼儿熟悉旋律，让幼儿认真观察并模仿跟随。

(教师边唱边与幼儿一起做动作，注意观察幼儿的完成情况。)

(3) 教师边拍变化节奏（× × | ×—）边带领幼儿熟悉旋律，让幼儿认真观察并模仿跟随。

(4) 教师可以在每一部分的结束小节加上节奏○ × × × 或○ × ×（嘴里可以用不同的声响表现出来作为伴奏，以提示幼儿此音比较长不要着急）。

(5) 待幼儿基本能完成时，教师提出问题，引出创作活动。

教师：有哪个小朋友能模仿一下小蜜蜂是怎样飞舞的呢？

教师：有哪位小朋友能模仿一下小蜜蜂是怎样采花蜜的呢？

（三）创作活动——观察学习，用自己创作出的小蜜蜂飞舞和采花蜜的动作表现韵律。

（1）教师请幼儿表现小蜜蜂飞舞的动作，并将动作加入第一句和第三句旋律中。

教师：×× 小朋友模仿的动作可真像，让我们和他一起像小蜜蜂一样飞舞吧！

提示 1：可以多找几位小朋友进行表演，培养自信和观察能力。

提示 2：幼儿创编的动作一定要让幼儿用语言进行描述，这样更能了解幼儿的心理反应和想法。

（2）教师请幼儿表现小蜜蜂采花蜜和花粉的动作，并将动作加入第二句旋律中。

（活动顺序和提示同上。）

（3）教师将幼儿的表现进行提炼，带领幼儿进行完整的韵律活动。

（4）教师启发幼儿创作结束动作。

教师：小蜜蜂采了好多的花蜜和花粉，让我们一起带回家吧！我们可以用自己想要的、最幸福的飞舞状态回家。

（四）开放性活动——释放自己，用与音乐相匹配的动作表现小蜜蜂飞舞和采花蜜

（1）教师引导幼儿用自己喜欢的方式、找自己感到安全的位置表现音乐的韵律。

（2）教师有目的地指定大家跟随 1 ～ 2 名幼儿表现韵律。

（五）放松活动

教师：哇，采了这么长时间的花粉，太累了，让我们舒展一下身体吧。

教师带领幼儿随着舒缓的音乐放松。

教师：舒展一下我们的小翅膀。

（教师可以即兴哼唱旋律，也可以将小蜜蜂的旋律进行改词，还可以选用舒缓的音乐……）

教师：伸伸我们的小手臂。

教师：弯弯我们的腰。

教师：好啦，小蜜蜂工作结束，可以到喜欢的区域做自己的事情啦，都飞走吧！

（幼儿分散到个区域角，进行活动。前提是教师已经将与蜜蜂有关的物品放置在了各个区域角。）

四、活动延伸

（1）延伸到美工区，用图画记录活动的过程或想法。

（2）延伸到语言区，阅读小蜜蜂相关的绘本，交流想法与心得。

（3）延伸到科学区，拆装小蜜蜂的模型，了解小蜜蜂的身体结构。

（二）案例分析

案例分析见表 2–21。

表 2–21　案例分析

项目	案例 1	案例 2	自己的观点
活动目标	相同	相同	
活动准备	相同	相同	

续 表

项目		案例 1	案例 2	自己的观点
活动过程	即时反应练习	教师引导围小圆圈、大圆圈，建立良好秩序，让幼儿感受空间	由幼儿的奇思妙想来引导活动的进行。通过围小圆圈、大圆圈感受音符长短的不同	
	基础内容练习	模仿引导动作	模仿引导节奏	
	创作活动	将幼儿创作的动作与 2/4 拍相结合	将幼儿创作的动作与乐句相结合	
	开放性活动	相同	相同	
	放松活动	相同	相同	
活动延伸		大致相同	大致相同	

二、“同一能力”在不同年龄段的“进阶式”教学活动

（一）案例展示

案例 1

注：参照前面案例 1 小班韵律活动《小蜜蜂》1

案例 2

中班韵律活动《小蜜蜂》

一、活动目标

（1）情感目标：体验韵律活动的乐趣，乐于参与活动，尝试倾听和模仿。

（2）认知目标：感受、表现八分音符、四分音符和二分音符时值长短的不同；感受音乐的“ABA”结构。

（3）能力目标：能坐在椅子上通过踏脚来体验二拍子的特点，尝试手脚韵律的配合；探索用艺术动作表现小蜜蜂飞舞做工和劝解不爱劳动的小蜜蜂的动作，并尝试将动作与音乐匹配起来。

二、活动准备

（1）经验准备：理解原地的含义、理解圆上的含义。

（2）物质准备：用小蜜蜂图案表示八分音符、四分音符和二分音符的卡片。

三、活动过程

（一）即时反应练习：认识和感受圆内与圆外

围圆圈

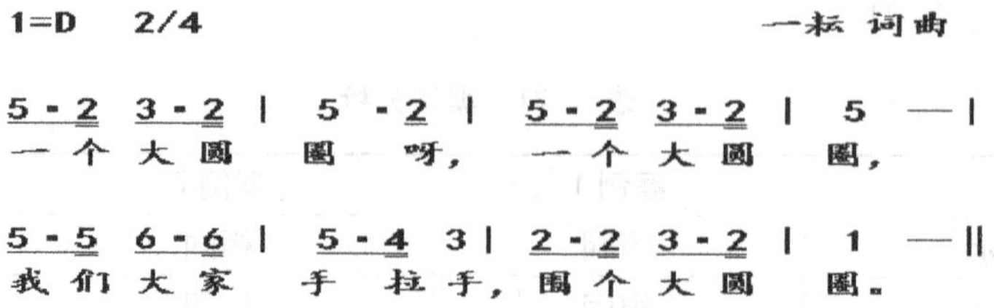

1=D 2/4　　一耘 词曲

5·2 3·2 | 5 ·2 | 5·2 3·2 | 5 — |
一个大圆 圈呀， 一个大圆 圈，

5·5 6·6 | 5·4 3 | 2·2 3·2 | 1 — ||
我们大家 手拉手，围个大圆 圈。

（1）教师站在教室中间，演唱秩序歌曲《围圆圈》，引导幼儿自觉主动地离开自己的座位（或从不同的活动区域走过来），手拉手围成一个圆。

（2）教师变化歌词，提示幼儿向圆内走，以歌词为指令引导幼儿完成动作指示。

歌词：一个小圆圈呀，一个小圆圈，我们一起手拉手，变个小圆圈。

（小朋友们集体向园内行走，变成一个小圆圈。）

（3）教师变化歌词，提示幼儿向圆外的方向走，以歌词为指令引导幼儿完成动作指示。

歌词：一个大圆圈呀，一个大圆圈，我们一起手拉手，变个大圆圈。

提示1：教师不必向幼儿解释太多关于圆内与圆外的理论知识，让幼儿在反复的口令与动作变化中自己体会圆内与圆外。教师在适当的时候退出幼儿的队伍，站在圆内用手拍2/4拍的拍子，提示幼儿脚下感知拍子稳定性的同时为幼儿歌唱发出指令，观察幼儿反应是否准确。有必要的话，适时用动作给予提示，直道幼儿能够完全理解。

提示2：教师为了提升幼儿的反应能力，可以自由地给予指令。比如：一个小圆圈呀，一个小圆圈，一个大圆圈呀，一个大圆圈，我们一起手拉手，变个大圆圈。

（4）教师回到幼儿的队伍之中，提示幼儿面上圆上，告诉幼儿圆外的是右手，圆内的是左手（如果站的是相反方向，左右手也是相反的）。

教师：圆外的手是右手，右手画个圈。

教师改编歌词：右手画个圈呀，右手画个圈，我们大家一起来，右手画个圈。

教师：小朋友们伸出你们的右手。

（5）教师用同样的方法进行左手的反应练习。

提示1：下节课就可以增加左右手不规律的指令练习，等幼儿掌握以后就面向圆上相反方向，让幼儿再次区分左手和右手，直到幼儿能够准确地在任何环境下熟识左右手。

提示2：再接下来就让幼儿在圆上两两相对，按教师发出的口令练习（如让面向同一方向的小朋友去拉对面小朋友的手：左手拉左手、右手拉右手、左手拉右手、右手拉左手等）。

（6）教师发出指令，幼儿回到自己的座位上。

教师：伸出自己的右手，指向自己的座位，回到自己的座位上。

教师：前面我们学过一个关于小蜜蜂的韵律，大家还记得吗？

（7）教师边唱边带领幼儿一起回顾。

小蜜蜂

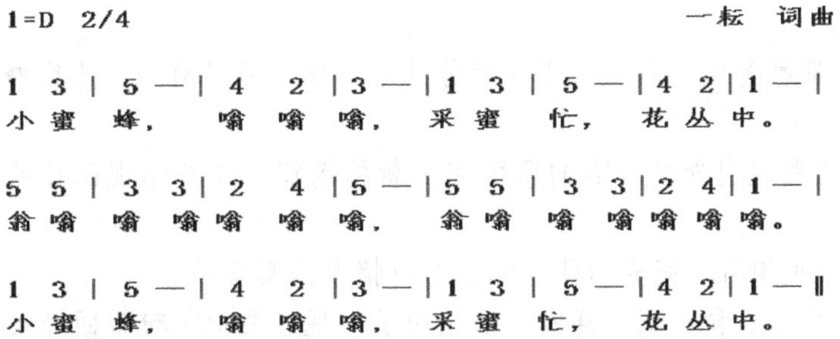

1=D 2/4　　　　　　　　一耘　词曲

```
1 3 | 5 — | 4 2 | 3 — | 1 3 | 5 — | 4 2 | 1 — |
小 蜜  蜂，   嗡 嗡  嗡，   采 蜜  忙，   花 丛  中。

5 5 | 3 3 | 2 4 | 5 — | 5 5 | 3 3 | 2 4 | 1 — |
翁 嗡  嗡 嗡  嗡 嗡  嗡，   翁 嗡  嗡 嗡  嗡 嗡  嗡。

1 3 | 5 — | 4 2 | 3 — | 1 3 | 5 — | 4 2 | 1 — ‖
小 蜜  蜂，   嗡 嗡  嗡，   采 蜜  忙，   花 丛  中。
```

教师：那上次学了小蜜蜂音乐的韵律之后，有没有小朋友去了解过小蜜蜂为什么要采花粉和花蜜呀？

（幼儿回答时教师注意观察，适时有目的地指定小朋友来回答，并适时鼓励。）

教师：小朋友们了解知识的渠道可真不少，老师真是没有想到大家了解得这么详细。对啦，主要是为了养育蜂王和小蜜蜂，储备蜂蜜好过冬。那小蜜蜂都是什么季节采花粉喝花蜜呢？

（幼儿回答时教师注意观察和倾听，顺着幼儿的回答继续引导。）

教师：我把大家的回答总结一下，大家听听对不对呢？

小蜜蜂，嗡嗡嗡嗡，采蜜忙，百花丛中。天气暖，花儿好，不做工，将来呀哪能呀过一冬。小蜜蜂，嗡嗡嗡嗡，采蜜忙，百花丛中。

（二）基础内容练习：稳定拍与节奏感知

小蜜蜂

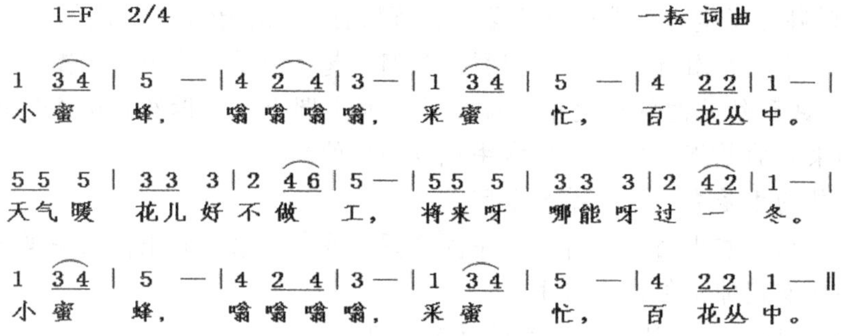

1=F 2/4　　　　一耘 词曲

1 34 | 5 — | 4 2 4 | 3 — | 1 34 | 5 — | 4 22 | 1 — |
小 蜜 蜂， 嗡 嗡 嗡 嗡， 采 蜜 忙， 百 花丛 中。

55 5 | 33 3 | 2 46 | 5 — | 55 5 | 33 3 | 2 42 | 1 — |
天气 暖 花儿 好 不 做 工， 将来 呀 哪能 呀 过 一 冬。

1 34 | 5 — | 4 2 4 | 3 — | 1 34 | 5 — | 4 22 | 1 — ‖
小 蜜 蜂， 嗡 嗡 嗡 嗡， 采 蜜 忙， 百 花丛 中。

动作说明：

1～8小节动作与前面韵律相同。

9小节双手交叉胸前做温暖状，头倒向左侧。

10小节两首摊开，手心向上，头倒向右侧。

11～14双手叉腰做生气状，头先倒向左再向右，重复一次。

15～16伸出食指，其余手指自然弯曲，向前点两次。

17～24重复前面1～8小节的动作。

提示：可以加上结尾，采完花粉飞回蜂巢。

教师：小朋友们知道了采花粉、采花蜜、勤劳动是这么的重要，那你是愿意做一只爱做工的小蜜蜂，还是愿意做一只不爱做工的小蜜蜂呢？

幼儿回答。

教师：大家都愿意做一只爱做工的勤劳的小蜜蜂，可是有一只小蜜蜂却不爱做工，我们一起说服它好吗？

（1）教师边唱边引导幼儿面向圆内完成新的韵律，注意体现韵律的故事性，激发幼儿的兴趣。

（2）幼儿两两相对，完成韵律，体会劝解情节的真实性。

教师：小蜜蜂终于和大家一样做工采花粉了，现在要把花粉带回蜂巢去啦。

（3）教师创编结尾，幼儿和教师一起完成。

（4）认识音符。

教师：大家想一下，我们学了几种小蜜蜂飞舞的声音了呢？

①教师从歌曲里面找出三种节奏，如图 2—10、图 2—11、图 2—12 所示。

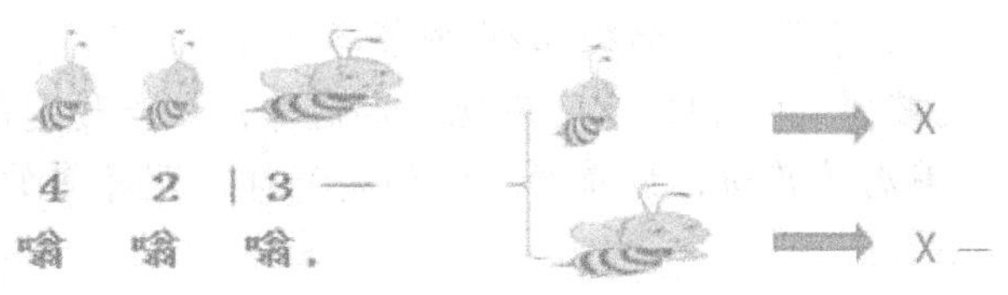

图 2—10 节奏一

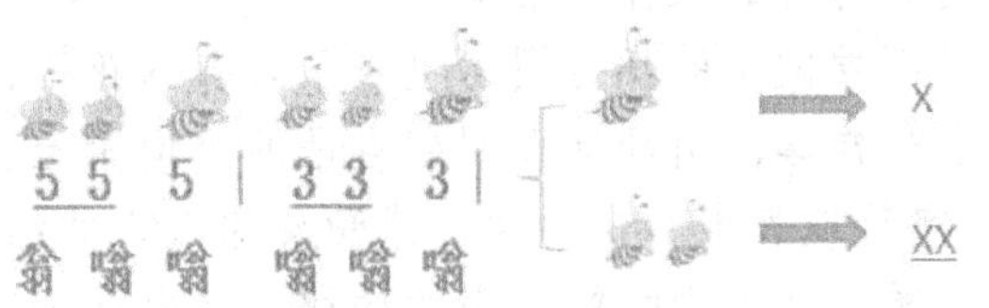

图 2—11 节奏二

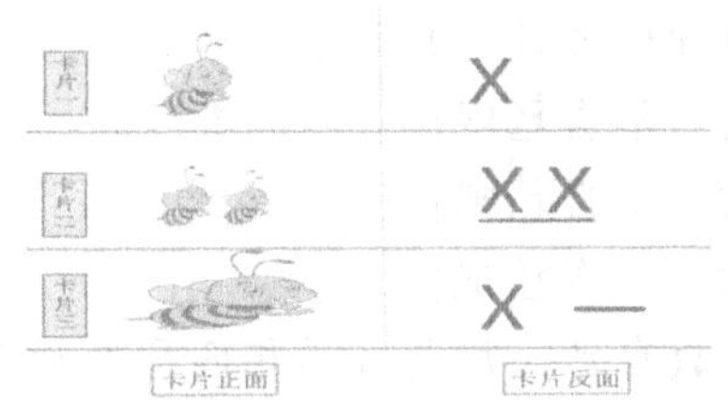

图 2—12 节奏三

②教师手持卡片多次带领幼儿用“嗡”读节奏。

③教师拿卡片由幼儿发出指令，教师和其他幼儿一起来读。

教师：小蜜蜂飞舞时发出嗡嗡嗡的声音，如果这代表的是小狗叫的声音，我们应该怎么来读呢？

④知识迁移：尝试用小狗或者其他的小动物的叫声来感知节奏。

教师：哪位小朋友还能用其他的声音来读呢？

（教师引导幼儿完成知识迁移。）

教师：小朋友们可真聪明，我们现在不用声音来表示叫声了，用拍手来表示可以吗？

（小朋友们尝试，教师不要急于给予纠正，要给幼儿思考或观察学习的时间。）

教师：用脚可不可以呢？

⑤教师引导幼儿脚踩 2/4 拍节奏来表现韵律，初步感受手脚韵律分离。

提示 1：教师可以根据幼儿的能力，选择使用正面、使用正反面对照、使用反面。

提示 2：教师没有必要告诉幼儿音符的名称，只要感受到时值长短的不同和能够用“嗡”读出来就可以了。

教师：今天我们的收获可真多呀，我们学会了三种小蜜蜂飞舞的声音，还能够用脚踩出其中的一种配合手的动作，大家支配自己的能力真是太强了。

（三）创作活动——观察学习，脚踩 2/4 拍节奏

（1）教师启发幼儿按照2/4拍的节奏表现行走韵律，培养稳定的节拍感。

教师：小蜜蜂采了满满的花粉，好重呀！它们是怎样回到蜂巢的呢？离开自己的小椅子表演给大家看看吧！

（教师演唱 1 ～ 8 小节旋律和幼儿一起脚踩 2/4 节奏韵律，适时用动作来提示幼儿，看到做得好的幼儿教师可以跟在他的后面，以提示其他幼儿观察、模仿、纠正自己的动作。）

教师：哎呀，回家的途中遇到一只不爱做工的小蜜蜂，我们怎么办呢？劝劝它吧。

（教师提示幼儿找到要劝解的伙伴，唱 9 ～ 16 小节的旋律。）

教师：小蜜蜂改掉了不爱做工的坏习惯，也采了好多的花粉，它们一起回蜂巢了。

（教师唱 17 ～ 24 小节旋律，引导幼儿回到自己的小椅子上。）

（2）教师引导幼儿完整地表现行走韵律，感受旋律 ABA 的结构。

教师：哪位小朋友知道，《小蜜蜂》表现的韵律一共有几个部分呢？

（幼儿回答，教师适时引导。）

教师：你们观察得可真仔细，首先是小蜜蜂做工，其次是劝解不爱做工的小蜜蜂，最后是小蜜蜂做工，一共是三部分。我们用小蜜蜂飞舞的声音鼓励一下自己吧。

（教师出示图谱节奏，引导幼儿读。）

教师：用小狗的叫声鼓励一下自己吧！

教师：用小猫的叫声鼓励一下自己吧！

教师：用钟表的声音鼓励一下自己吧！

（四）开放性活动——释放自己，用与音乐相匹配的动作表现小蜜蜂做工和劝解不爱做工的小蜜蜂

（1）教师引导幼儿用自己喜欢的方式表现音乐的韵律。

（2）教师有目的地指定 1 ～ 2 名幼儿带领大家表现韵律。

教师：现在和变得爱做工的小蜜蜂一起回家吧。

（3）在教师的引导下，幼儿有秩序地手拉手回到座位上。

（五）放松活动

教师：哇，在大家共同的努力下，不爱做工的小蜜蜂变成了勤劳的小蜜蜂，让我们一起跳舞庆祝一下吧。

（教师带领幼儿随着舒缓的音乐放松。）

教师：舒展一下我们的小翅膀。

（教师可以即兴哼唱旋律，也可以将小蜜蜂的旋律进行改词，还可以选用舒缓的音乐……）

教师：伸伸我们的小手臂，右手伸一伸，左手伸一伸，两只手臂一起伸一伸。

教师：弯弯我们的腰。

教师：好啦，小蜜蜂工作结束，飞到自己喜欢的区域去活动吧！

（幼儿分散到各个区域角进行活动。前提是教师已经将与蜜蜂有关的物品放置在了各个区域角。）

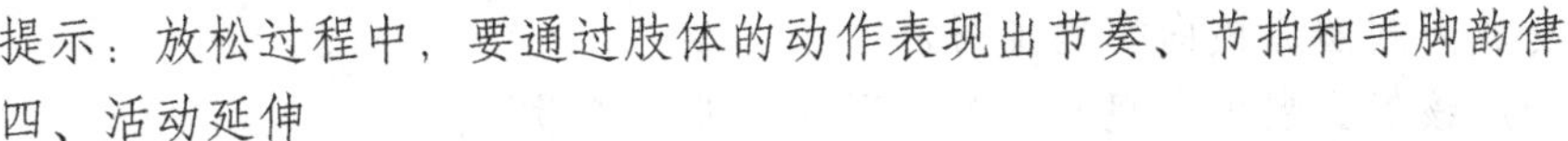
提示：放松过程中，要通过肢体的动作表现出节奏、节拍和手脚韵律。

四、活动延伸

（1）延伸到美工区，用橡皮泥或者剪纸动手制作想象中的小蜜蜂。

（2）延伸到语言区，阅读与小蜜蜂相关的绘本故事。

（3）延伸到科学区，观看小蜜蜂科普视频，了解小蜜蜂的身体结构。

案例3

大班韵律活动《小蜜蜂》

一、活动目标

（1）情感目标：主动把自己的设计给他人看，也乐于观察、模仿他人的设计。

（2）认知目标：认识八分音符、四分音符和二分音符，表现音乐的结构。

（3）能力目标：能识别音乐的“ABA”结构，能将音乐的结构与三角形不同颜色的边相对应，能在地面大三角形上表现韵律；能用不同小动物的叫声准确地读出八分音符、四分音符和二分音符；能在走动的过程中，准确地表现八分音符、四分音符和二分音符；能在“小蜜蜂怎样采花粉和蜂蜜”问题的驱动下，改编第二句歌词，并创编出自己喜欢的动作。

二、活动准备

（1）经验准备：进行过手脚分开的韵律练习，对三种节奏有准确的体验。

（2）物质准备：画着大三角形图案的卡片。

三、活动过程

（一）即时反应练习：对圆内与圆外进行准确反应

围圆圈

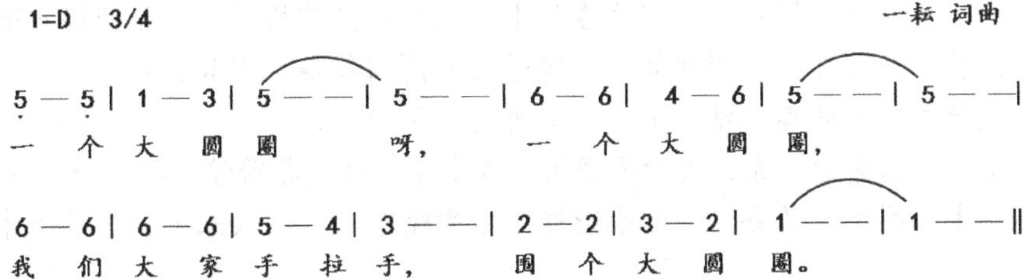

（1）教师站在教室中间，演唱秩序歌曲《围圆圈》，并按照3/4拍的节奏每小节迈一步，引导幼儿自觉主动地离开自己的座位（或从不同的活动区域走过来），手拉手围成一个圆。

提示1：教师通过夸张一点的脚下动作，来提示幼儿和着音乐韵律。

提示2：教师要注意观察幼儿的节奏，确保幼儿跟上音乐应有的节奏。

（2）教师变化歌词，提示幼儿向圆内走，以歌词为指令引导幼儿完成动作指示。

歌词：一个小圆圈呀，一个小圆圈，我们一起手拉手，变个小圆圈。

（小朋友们集体向圆内行走，变成一个小圆圈。）

（3）教师变化歌词，提示幼儿向圆外的方向走，以歌词为指令引导幼儿完成动作指示。

歌词：一个大圆圈呀，一个大圆圈，我们一起手拉手，变个大圆圈。

（4）教师继续变化歌词，让幼儿准确识别圆内和圆外。

歌词：我们向内走呀，变个小圆圈，我们向着圆内走，变个小圆圈。

教师：我们变成大圆圈应该向哪里走呀？

教师：那我们应该怎么唱出来呢？（教师引导幼儿创编歌词。）

歌词：我们向外走呀，变个大圆圈，我们向着圆外走，变个大圆圈。

提示：教师为了提升幼儿的反应能力，可以自由地给予指令。比如：由面向圆内走变小圆圈、面向圆外走变大圆圈，逐渐过渡到面向圆内、面向圆外，最后上升到对概念的理解。

（5）教师发出指令，幼儿回到自己的座位上。

教师：伸出自己的右手，指向自己的座位，回到自己的座位上。

教师：前面我们学过小蜜蜂三种飞舞的声音，大家还记得吗？

（6）教师带领幼儿一起回顾。

①教师手持卡片，多次带领幼儿用“嗡”读节奏。

②教师拿卡片由幼儿来发出指令，教师和其他幼儿一起来读。

教师：我们可以用手拍出小蜜蜂飞舞的节奏吗？

（小朋友们尝试，教师不要急于给予纠正，要给幼儿思考或观察学习的时间。）

③教师引导幼儿脚踩2/4拍节奏来表现韵律，支配手脚分离韵律。

提示：教师可以根据幼儿的能力，选择合适的速度。

教师：我们学会了用手拍三种小蜜蜂飞舞的节奏，大家真棒。

（二）基础内容练习：稳定拍与节奏感知

1.教师引导幼儿熟悉韵律歌词和节奏

教师：上次我们学了《小蜜蜂》的韵律之后，有没有小朋友去了解过小蜜蜂怎样采花粉和花蜜呀？

（幼儿回答时教师注意观察，适时有目的地指定小朋友来回答，并适时鼓励。）

教师：小朋友都有主动学习的好习惯，掌握了这么多的知识。对啦，小蜜蜂使用口器吸食花蜜，装在蜜囊里。用花粉刷把沾在腿上的花粉刷到花粉筐里，带回蜂巢酿成蜂蜜。

（幼儿回答时教师注意观察和倾听，顺着幼儿的回答继续引导。）

教师：我把大家的回答总结一下，大家听听对不对呢？

一群小蜜蜂，嗡嗡嗡嗡嗡，天天采蜜忙，各个本领强。花粉筐，收花粉，带呀带回家。小蜜囊，装花蜜，甜呀甜又香。一群小蜜蜂，嗡嗡嗡嗡嗡，天天采蜜忙，各个本领强。

小蜜蜂

1=F 2/4　　　　一粒 词曲

1 1 3 4 | 5 — | 6 6 4 6 | 5 — | 1 2 3 4 | 5 — | 4 3 2 2 | 1 — |
一群 小蜜 蜂， 嗡嗡 嗡嗡 嗡， 天天 采蜜 忙， 各个 本领 强。

6 6 6 | 5 4 3 | 2 2 4 6 | 5 — | 6 6 6 | 5 4 3 | 2 2 4 2 | 1 — |
花粉 筐 收花 粉 带呀 带回 家， 小蜜 囊，装花 蜜， 甜呀 甜又 香。

1 1 3 4 | 5 — | 6 6 4 6 | 5 — | 1 2 3 4 | 5 — | 4 3 2 2 | 1 — ‖
一群 小蜜 蜂， 嗡嗡 嗡嗡 嗡， 天天 采蜜 忙， 各个 本领 强。

动作说明：

1～8小节脚下2/4拍节奏。

9～10 小节双手在腿上向下划两次，做花粉刷刷花粉状。通过做不同的动作让幼儿体会乐句的变化。

11～12 小节五指伸开自然走动做飞舞状，左右各一次。

13～14 小节双手重叠于胸前，头向左右两侧各倒一次。

15～16 小节双手在体前摊开，手心向上，头向左右两侧各倒一次。

17～24 小节重复 1～8 小节的动作，通过做相同的动作让幼儿体会乐句的相同。

2. 教师引导幼儿熟悉韵律动作，通过动作识别旋律的结构

(1) 教师演唱旋律，带领幼儿表现韵律。

(2) 教师出示画有三角形的卡片，引导幼儿通过对比三角形三条边颜色的异同认识旋律的结构。

(3) 教师出示地面大三角形，引导幼儿在三角形上行走表现韵律。

(4) 教师创编结尾，幼儿幸福地回自己的座位上。

提示 1：教师可以根据幼儿的能力，对幼儿进行分组。

提示 2：教师没有必要要求幼儿能力的一致，给反应慢一些的幼儿充分的时间进行练习。

教师：大家的观察能力越来越好了，能够将音乐的结构和三角形对应起来，老师为大家高兴。

(三) 创作活动——观察学习，手脚分离节奏练习

手脚分离节奏练习如图 2–13 所示。

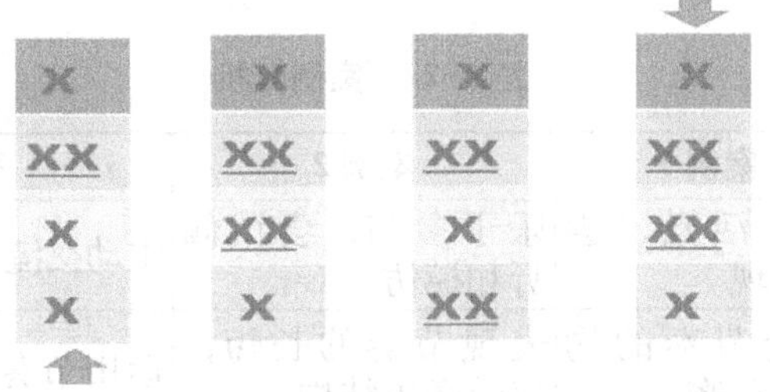

图 2–13　手脚分离节奏练习

要求：每一步迈一个格子，手拍出格子内的节奏。

玩法：可以单个逐一进行，可顺方向或逆方向进行；可以一条龙进行；可以两个同时进行；可以跟随进行。

建议：依据幼儿的能力来确定韵律活动的形式与方法，最好教师用琴或小乐器等进行提示。

(四) 开放性活动——释放自己，用与音乐相匹配的动作表现小蜜蜂装花粉和采花蜜

(1) 幼儿自己选择节奏卡片，创作出自己的节奏，并尝试表现出来。

(教师引导幼儿用自己喜欢的方式表现韵律。)

(2) 尝试表现其他同伴创作的节奏，并与同伴交流。

(教师要认真观察和倾听幼儿之间的交流，做好引导。)

(3) 教师和幼儿一起“串门”感受幼儿创作的节奏。

(4) 教师有目的地指定 1～2 名幼儿带领大家表现韵律。

教师：大家的创意和表现力可真是不得了，回到家里我们可以和大人一起玩节奏游戏。

（五）放松活动——教师带领幼儿随着舒缓的音乐放松

教师：活动快要结束啦，让我们放松一下吧。

教师：舒展一下我们的小翅膀，用手拍学过的节奏的同时向左、右伸展。

（教师可以即兴哼唱旋律，也可以将小蜜蜂的旋律进行改词，还可以选用舒缓的音乐……）

教师：转向圆外，舒展一下双脚，双手叉腰脚下踩出学过的节奏。

教师：转向圆内，弯弯我们的腰，双手在后背捶出学过的节奏。

教师：好啦，小蜜蜂工作结束，飞到自己喜欢的区域去活动吧！

（幼儿分散到各个区域角进行活动。前提是教师已经将与蜜蜂有关的物品放置在了各个区域角。）

四、活动延伸

（1）延伸到美工区，用自己喜欢的形状画出小蜜蜂的口器和花粉筐，或者用超轻黏土捏出来。

（2）延伸到语言区，互相讲小蜜蜂采花粉和蜂蜜的场景。

（3）延伸到科学区，观看小蜜蜂科普视频，在了解小蜜蜂如何采花粉和身体结构的同时，针对如何避免被小蜜蜂蛰到进行交流。

（二）案例分析

案例分析见表 2–22。

表 2–22　案例分析

项目		案例 1	案例 2	案例 3	自己的观点
活动目标	情感目标	体验活动，尝试表现	乐于参与，尝试倾听和模仿	主动交流，乐于学习	
	认知目标	感受节奏的均匀与疏密	表现节奏的长短，感受音乐结构	运用节奏表现音乐	
	能力目标	用动作表现稳定的拍子	用艺术性动作与音乐匹配	识别表现音乐结构，准确表现节奏	
活动准备		1. 经验准备：在成人的看护下观察过蜜蜂飞的姿态和采花粉的状态 2. 物质准备：坐垫每人一个	1. 经验准备：理解原地的含义、理解圆上的含义 2. 物质准备：用小蜜蜂图案表示八分音符、四分和二分音符的卡片	1. 经验准备：进行过手脚分开的韵律练习，对三种节奏有准确的体验 2. 物质准备：三角形图案的卡片	
活动过程	即时反应练习	教师下达“圆内与圆外”的指令	感受指令下大圆圈和小圆圈韵律的变化	观察大圆圈和小圆圈韵律的变化	
	基础内容练习	感受歌词产生的情境	尝试手脚同时表现韵律，体验节拍稳定性	创作歌词、认识节奏、手脚同时表现韵律、稳定表现节拍、识别音乐结构	
	创作活动	创作动作表现节拍	识别图片、声音节奏	认识真实节奏，创作、表现节奏	

续　表

项目		案例 1	案例 2	案例 3	自己的观点
活动过程	开放性活动	模仿教师的动作	准确识别和表现图片节奏或声音节奏	巩固节奏，准确识别和表现	
	放松活动	再次巩固节奏	再次巩固节奏，用肢体表现节奏	再次巩固节奏，用肢体表现节奏	
活动延伸		阅读拆装	手工和绘画仿制	创作和交流	

执行任务

一、执行流程

执行流程如图 2–14 所示。

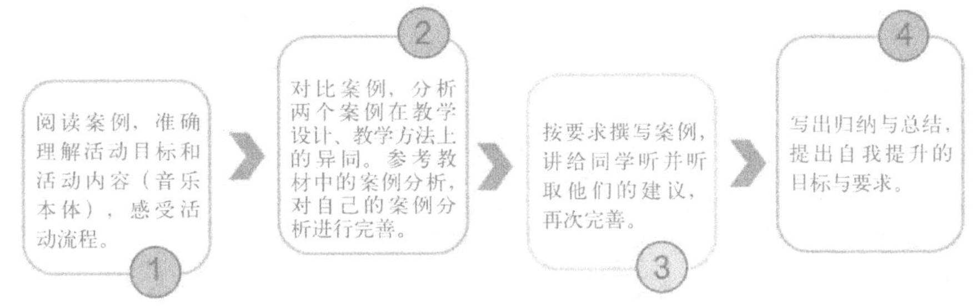

图 2–14　执行流程

二、执行效果

请针对下面的曲谱进行分析，根据任务要求完成教学设计与实施方案撰写，见表2–23。

即时反应曲

1=D　2/4　　　　　　　　　　　　　　　　一　耘　曲

1 13 | 1 5 | 15 13 | 5 (56·) | 5566 | 5432 | 1 2 | 3 (56·) |

1 13 | 1 5 | 15 13 | 5 (56·) | 5566 | 5432 | 6 7 | 1 – |

1 — | 1 — | 1 — | 56· 56· | 5 — | 5 — | 5 — | 56· 56· |

1 — | 1 — | 1 — | 56· 56· | 5 — | 5 — | 5 — | 56· 56· |

1 13 | 1 5 | 15 13 | 5 (56·) | 5566 | 5432 | 1 2 | 3 (56·) |

1 13 | 1 5 | 15 13 | 5 (56·) | 5566 | 5432 | 6 7 | 1 – ‖

表 2–23　执行效果评价

项目	内容
内容分析	
学情分析	
目标分析	
策略分析	
教案撰写	
试讲评价与反思	

三、自我评价

自我评价见表 2–24。

表 2–24　自我评价

记忆能力成果	掌握的知识：
	未掌握的知识：
分析能力成果	分析能力的成果：
	遇到的困难：

续　表

<table>
<tr><td rowspan="2">实践能力成果</td><td>能应用于实践的知识：</td></tr>
<tr><td>实践有困难的知识：</td></tr>
<tr><td rowspan="2">创新能力成果</td><td>创新方面的成果：</td></tr>
<tr><td>创新方面遇到的困难：</td></tr>
</table>

四、知识链接

（一）链接一：跳舞——有益于身心的全面发展

（提示：下面提到的舞蹈，对幼儿来说就是韵律活动，音乐课其实就是音乐教育活动。）

1. 跳舞与运动

非洲的仪式性部落舞蹈、阿根廷的探戈舞、欧洲的民间舞……地球上几乎所有的国家都在岁月长河中发展出属于自己的独特舞种和舞蹈文化。

音乐课上，孩子们也经常跳舞。父母经常向从事基础音乐教育的老师提出诸如“孩子有必要跳舞吗？跳舞究竟有什么作用？”此类的问题。

现在，很多孩子都缺乏运动。相对于耗时的步行或骑车，孩子们更喜欢坐车出行。孩子在无聊时宁愿看电视节目或玩电脑游戏，也不愿到户外嬉闹。运动不足会导致孩子出现身体感知力的缺乏、运动机能的紊乱及注意力的分散等问题。

2. 乐器身体

舞蹈教育以游戏的形式引导孩子们随乐舞动，实现了音乐与舞蹈的统一。跳舞是用身体动作表现音乐。在跳舞过程中需随节拍舞动，可以提高孩子的感知力和节奏感。孩子们会认识到律动的可能性和局限性，并尝试新的律动方式，从而将自己完全融入富有动感的音乐中。创造性和激励性的舞蹈方式可以解决由运动不足而引起的一系列问题。如果幼儿经常跳舞，根本不会出现这些问题。

跳舞也是一项脑力劳动！舞者在跳舞过程中不仅要全神贯注，还要控制好自己的动作、步伐和身体的旋转等。跳舞时，舞者需要包括空间感知力、方向辨别力、动作记忆力、模仿力和专注力在内的技能，这些技能会相应地在不断练习中得到提高。跳舞以轻松愉快的方式增强了大脑左、右半球之间的联系，提高了舞者的综合学习能力。

跳舞为孩子们创造了相互结识的机会。因此，跳舞不仅可以缓解孩子的紧张情绪，还在提升社交能力等方面有积极的促进作用。

跳舞的过程也是学习将身体变为一种乐器的过程，这种一生受用的“乐器”展示出每

个人的独特性格。和其他艺术形式一样，舞蹈这种艺术形式能触动人心，激发创造灵感并促进个性发展。

——泰勒曼．家庭亲子音乐早教课程：每一个孩子都是音乐家［M］．王良钰，译．北京：人民音乐出版社，2021．

（二）链接二：对父母和幼儿教师关于音乐天赋的疑问和解答

父母和教师经常会思考关于他们的孩子是否有音乐天赋的问题。这里列举了一些常见的问题和解答。

我是个没有音乐天赋的人。那我的孩子会有音乐天赋吗？

在回答这个问题之前，请您回想一下，为什么您认为您没有音乐天赋。也许是您童年时一次重要的经历，让您相信了这一点。也许您从一位您所尊敬的人那里听说如“您不会唱歌，而且您在唱歌方面也没有什么天赋”之类的评价。大多数情况下，这些说法都是没有根据的，更不用说有什么科学道理。

给您、您的孩子和您教的孩子一次机会去发现音乐！在生活中，音乐无处不在且对人生成长产生积极的影响。无论您认为自己是否有音乐天赋，您和您的孩子都不应错过这个机会。

我完全不会唱歌。我这种错误的发音方式是否会对我的孩子的音乐发展产生负面影响呢？

对您的孩子来说，干净且优美的嗓音可以训练他们的听力。但是，最重要的是要让您的孩子知道，他可以通过音乐来“表达”自己。如果您因为害怕跑调而停止唱歌，那将是致命的错误。相反，如果您愉快地歌唱，即便有的音不“准”，这种愉快的情绪也会传递给您的孩子。

我的孩子，即使是在音乐课上也不唱歌。这是不是没有音乐天赋的表现？

有些孩子很少唱歌或根本不唱歌，这并不是他们缺乏音乐兴趣或乐感的表现。对您的孩子来说，也许他在听音乐时并不想唱出旋律，只在脑中回想那些优美的旋律；或者在音乐课上，他的兴趣点不在学习音乐上，而是对其他孩子感兴趣，对窗外繁茂的树木感兴趣；或者只喜欢倾听他人演奏或演唱的音乐，享受音乐带来的感受。您需要接受孩子的这种行为，并为您的孩子提供一个良好的音乐环境。

很多孩子六七岁时才开始唱歌。在这之前，这些孩子一直吸收着身边音乐环境中所提供的音乐养分，直至他们准备好愉快地歌唱。

我的孩子唱歌跑调，支持他继续以这样的方式演唱有意义吗？

您的孩子可以开口唱歌就已经很棒了！有些孩子在很小的年龄能准确、清晰地歌唱，而有些孩子在准确地发出音高之前的很长一段时间都以“含糊不清”的方式歌唱。不要让您的孩子注意到自己唱错了，这会让他失去唱歌的主动性。您可以在一张高品质的儿童歌曲 CD 的伴奏下与孩子一起歌唱，可以给您的孩子提供音乐欣赏的材料，也可以让您的孩子学习一门乐器或者参加合唱队。您会发现，唱歌跑调这事儿很快就过去了。由于身体的原因（听力问题、语言疾病和呼吸肌疾病）导致唱歌跑调，这种情况非常罕见。如果您觉得您的孩子有这方面问题，可向儿科医生、喉科医生、鼻科医生、耳科医生寻求帮助，或者让您的孩子接受相关治疗。

我觉得我的孩子在音乐领域没有天赋，我应该怎么做？

一个不爱运动的孩子很有可能会被您送去参加体育运动，这是因为您知道运动能让您的孩子锻炼身体，还有助于帮助孩子养成健康的生活方式。如果您认为您的孩子“没有音乐天赋”，可以让您的孩子在生活中多接触音乐，用音乐激发孩子大脑中的不同区域，从而在大脑中形成有价值的关联，这对孩子语言能力的发育也很有帮助。音乐还对孩子的注意力、社会行为和创造力有积极影响。您可以借助音乐，给孩子创造一项文化资产：您的孩子会在未来的生活中获得一种“认同感”。

——泰勒曼．家庭亲子音乐早教课程：每一个孩子都是音乐家［M］．王良钰，译．北京：人民音乐出版社，2021．

五、案例收集

将自己撰写的案例按照年龄段和内容的类别进行整理，分类归档，逐渐建立自己的教学成果文件夹。如果把每个案例的完善过程和每个案例的最满意之处都记录下来，慢慢你就会发现自己逐渐变成了一名有自己教学风格和想法的专家型幼儿教师。

项目三　幼儿园打击乐器演奏活动的认知与实施

项目介绍
打击乐器演奏活动是幼儿园音乐教学活动之一。它能帮助幼儿掌握乐器演奏的简单知识和技能，培养幼儿的合作能力、创造能力、责任感等。打击乐器演奏活动和其他音乐活动一样，都是有效促进幼儿全面发展的教育手段。 本项目主要介绍幼儿园打击乐器演奏活动的主要教学内容与方法，有助于教师更好地掌握音乐教学的基本知识，从而提升教学实际操作能力。
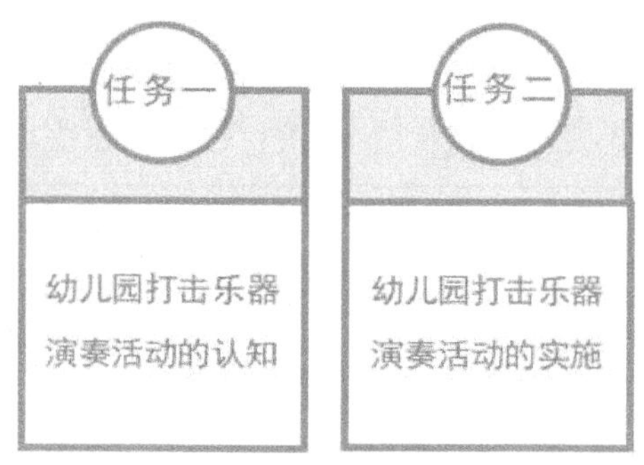
项目需求
1. 知晓幼儿园音乐教育活动的设计原则与组织形式。 2. 知晓幼儿园打击乐器演奏活动的结构要素和活动流程。 3. 具备幼儿园打击乐器演奏活动教案撰写的能力。 4. 活动场地具有各类打击乐器。
预期效果
1. 了解幼儿园打击乐器演奏能力的发展特点。 2. 认识各类幼儿园常用的打击乐器，掌握乐器的演奏方式。 3. 掌握幼儿园打击乐器演奏活动的组织要点，具备组织实施幼儿园打击乐器演奏活动的能力。 4. 通过集体演奏，学会聆听和协调配合，逐渐提高合作能力和交流能力。

任务一　幼儿园打击乐器演奏活动的认知

打击乐器是最早为人类所掌握的乐器种类之一，也是现代社会中儿童最容易掌握的乐器。

——卡尔·奥尔夫

任务描述

（1）观看视频完成打击乐器演奏活动内容与方法的学习。

（2）认识常用打击乐器及其分类。

（3）学习使用幼儿园常用打击乐器的基本方法。

（4）尝试设计一个配器方案。

任务准备

一、幼儿园打击乐器演奏活动的含义

幼儿园打击乐器演奏活动是指教师指导幼儿随音乐的节奏演奏打击乐器的教育活动。

打击乐演奏教学不仅能帮助幼儿初步掌握乐器演奏的一般知识和技能、发展节奏感，还能在发展幼儿对音色、曲式结构的感知能力的同时，提升幼儿的组织纪律性和责任感。

二、幼儿园打击乐器演奏活动的教育内容与方法

（一）打击乐乐曲

纯粹由打击乐器或替代性的打击乐器来演奏的打击乐曲被称为打击乐乐曲。

伴随歌曲或器乐曲主旋律进行的打击乐器演奏乐曲有两种：某一首特定的歌曲或器乐曲；根据这首特定的歌曲或器乐曲专门创作的打击乐器演奏方案，即配器方案。

（二）打击乐器演奏的简单知识与技能

一是打击乐器。幼儿园常用的打击乐器可以分为两大类，分别为有固定音高的音条乐器和无固定音高的打击乐器两种。有固定音高的音条乐器如木琴、钢片琴等。无固定音高打击乐器根据乐器的材质和音色的特点又分为木质类如木鱼，鼓类如手鼓，金属类如三角铁，散响类如沙锤。

二是配器。在幼儿的音乐学习中，“配器”主要是指教师引导、组织幼儿用集体讨论的方式，选择适当的节奏型以及合适的乐器，为幼儿所熟悉的歌曲或乐曲设计伴奏的一种活动。

与此有关的知识与技能主要有：知道如何按乐器的音色对乐器进行分类；知道如何利用乐器搭配制造某种特定的音响效果；知道如何通过集体讨论等方法，为指定的歌曲或乐曲选配合适的节奏型及音色安排方案，并能用简单的图形、语音、动作等符号记录设计好的配器方案。

三是指挥的知识与技能。其包含两方面的内容：①看指挥演奏，即幼儿根据教师或他人的指挥要求进行演奏活动；②指挥演奏，即幼儿在简单的打击乐器演奏中担任指挥。

相关的知识技能有：

①知道如何用动作表示“准备”“开始”“结束”，并能使自己做的动作清楚、明确，易于使被指挥者做出反应。

②知道在指挥时将身体倾向于被指挥者，用眼睛注视被指挥者，能用体态和表情激起被指挥者的合作热情。

③知道如何用指挥动作表现节奏和音色的变化，能使自己的动作与音乐协调一致。

（三）打击乐器演奏的常规

打击乐器演奏的常规见表 2–25。

表 2–25　打击乐器演奏的常规

活动开始和结束的常规	1. 听音乐的信号整齐地将乐器从座位下面取出或者放回。 2. 乐器拿出后，不演奏时须将乐器放在大腿上，不发出声音，眼睛也不看乐器。 3. 开始演奏前，按指挥者的手势整齐地将乐器拿起，做好准备演奏的姿势。 4. 演奏结束后，按指挥者的手势将乐器放回大腿上。 5. 活动结束后，自己收拾乐器并整理场地
活动进行的常规	1. 演奏时身体倾向指挥者，眼睛注视指挥者，积极地与指挥者交流。 2. 演奏时注意倾听音乐和他人的演奏。 3. 演奏时注意力集中，不做与演奏无关的事情。 4. 交换乐器时，须先将原来使用的乐器放在座椅上，再迅速无声地找到新座位，拿起新乐器，坐下后马上把新乐器放在腿上做好演奏准备。交换过程中不与他人或场内的座椅相互碰撞

三、幼儿打击乐器演奏活动材料的选择

幼儿打击乐器演奏活动材料的选择及具体内容见表 2–26。

表 2–26　幼儿打击乐器演奏活动材料的选择及具体内容

材料的选择	具体内容
乐器的选择	1. 音色要好。 2. 乐器的大小及重量适合幼儿。 3. 演奏方法要适合不同年龄儿童运动能力的发展
音乐的选择	为幼儿选择打击乐演奏活动的音乐时，除了应注意节奏清晰、结构工整、旋律优美、形象鲜明外，还要考虑以下因素： 1. 为 3 ～ 4 岁幼儿选择的音乐，最好是幼儿比较熟悉的歌曲或韵律活动的音乐。音乐的节奏最好比较简单，结构大多数应是短小的一段体。 2. 为 5 ～ 6 岁幼儿选择的音乐，可以不一定是幼儿学过的歌曲或韵律活动的音乐，音乐的节奏也可稍复杂一些，结构可以是一段体，也可以是两段体或三段体。选择的音乐最好能够包含一些比较鲜明的、有规律的对比因素，即乐曲的乐句与乐句或乐段与乐段之间存在比较明显的差异

续　表

材料的选择		具体内容
配器方案的选择	配器设计的原则	1. 适合幼儿的实际能力：（1）适合幼儿使用乐器的能力；（2）适合幼儿对变化做出反应的能力
		2. 有一定的艺术性：（1）配器产生的音响效果能够与音乐原来的情绪、风格、结构相一致；（2）配器产生的音响效果既要富于趣味性、新颖性，又具有整体统一的美感
配器方案的选择	配器的步骤	1. 熟悉原音乐作品。对音乐作品进行反复哼唱、弹奏、倾听和感知体验。 2. 揣摩、分析。揣摩、分析音乐作品的情绪、风格和趣味，注意抓住主要矛盾，对非主要细节做“省略”处理或“模糊”处理。分析音乐作品的节奏特点和结构特点，感知作品结构中的部分与整体的关系及重复与变化的关系。 3. 安排节奏型和音乐作品的布局。既可以通过节奏和音色的改变强调“变化”，又可以通过节奏和音色的重复强调“统一”。对于小年龄班的幼儿，比较简单的作品，可多采用“相辅相成”的处理方式：作品的节奏密，配器的节奏也密；作品的节奏疏，配器的节奏也疏。对于年龄较大的班级的幼儿，比较复杂的作品，偶尔也可以采用“相反相成”的处理方式，即作品的节奏密配器的节奏反而疏；作品的节奏疏，配器的节奏反而密，甚至可以巧妙地使用演奏与休止交替处理的方式。 4. 试奏和调整。 5. 记谱和转换乐谱

暂停反思
在活动过程中需要我们为幼儿提供机会引导他们自己探索乐器，使幼儿有一个对乐曲整体感受以及自主选择的过程，那样幼儿会更能自主地表现乐曲，然后在配乐器的过程中有更多的想法。

四、知识梳理

（1）不同年龄段的幼儿打击乐器演奏能力的发展水平不同，针对各年龄班的情况制定打击乐器演奏活动目标、组织打击乐器演奏活动，科学地提高幼儿打击乐器的演奏水平。

（2）幼儿园打击乐器演奏活动的教育内容主要有打击乐曲、打击乐器演奏的简单知识与技能以及打击乐器演奏的常规。

（3）打击乐器演奏活动的材料包括乐器、音乐和配器方案。为幼儿选择打击乐器演奏材料时，也要分别从这三个方面来考虑。

执行任务

一、执行流程

执行流程如图 2–15 所示。

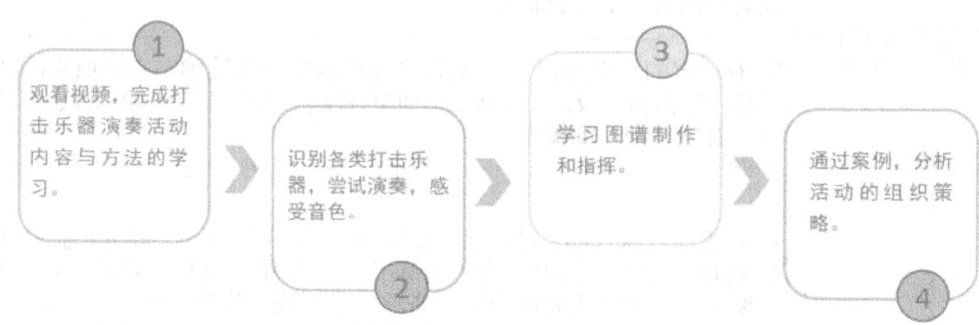

图 2–15　执行流程

二、执行效果

执行效果见表 2–27。

表 2–27　执行效果评价

内容	案例
打击乐器演奏的简单知识与技能	**中班打击乐活动《打击乐队》** 一、活动目标 1. 培养与同伴合作的能力和表现力。 2. 熟悉各类打击乐器的名称、音色特点。 3. 能认识并探索各种打击乐器的演奏方法及产生的音色特点。 二、活动准备 学生围坐成一个大圆圈，圆圈中放置各种各样的奥尔夫打击乐器。 三、活动过程 1. 学生逐个到圆圈中选择一样自己喜欢的乐器敲击，探索乐器的敲击方法与发出的音响。 2. 教师示范单面钹的各种演奏方法，如敲奏、刮奏等，让学生了解同样的乐器，采用不同的演奏方法，产生的音响效果是不同的。 3. 学生自选某一乐器，尝试采用不同的打击方法，探索不同的音响效果。鼓励学生不断地轮换乐器，力求尝试多种乐器。 4. 学习看指挥的手势，玩游戏。 游戏开始：学生每人手指一件乐器，看教师指挥手势，练习大声与小声游戏。 反复游戏：由个别学生当指挥，可自创指挥动作，不局限于手势，可借助整个体态，但前提是要事先与大家沟通好，才能赢得大家的配合
	成果展示： 1. 想一想刚才我们用到了哪些打击乐器呢？ 2. 这些乐器音色是怎样的？你会演奏了吗？ 3. 你会看指挥手势了吗？

续　表

<table>
<tr><th>内容</th><th colspan="5">案例</th></tr>
<tr><td rowspan="2">打击乐器演奏的简单知识与技能</td><td rowspan="2">自我评价</td><td>等级评价</td><td>非常满意</td><td>满意</td><td>不太满意</td></tr>
<tr><td>语言描述</td><td colspan="3"></td></tr>
<tr><td rowspan="4">幼儿打击乐器演奏活动材料的选择与乐器演奏</td><td colspan="5">洗　手　帕
1=G $\frac{2}{4}$　　汪爱丽　曲 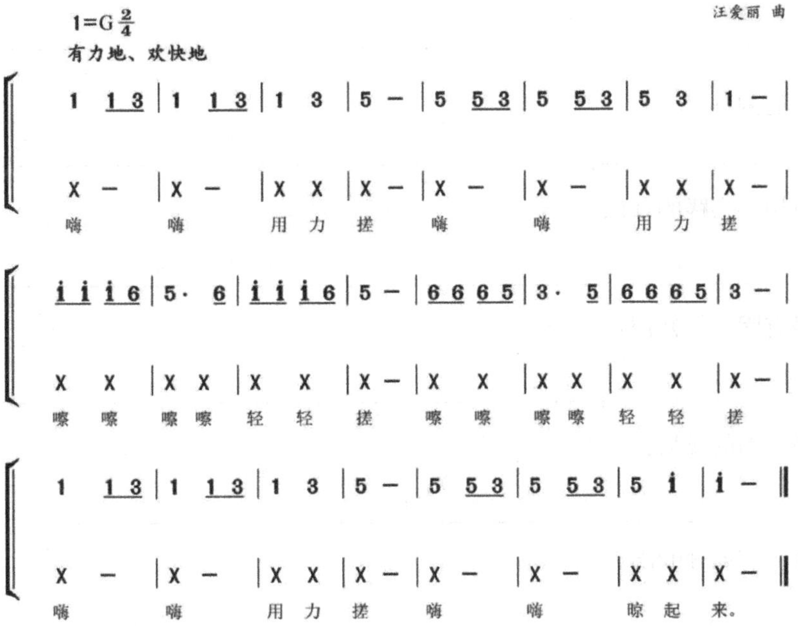
有力地、欢快地
1 1 3 | 1 1 3 | 1 3 | 5 − | 5 5 3 | 5 5 3 | 5 3 | 1 − |
X − | X − | X X | X − | X − | X − | X X | X − |
嗨　嗨　用 力 搓　嗨　嗨　用 力 搓
1̇ 1̇ 1̇ 6 | 5· 6 | 1̇ 1̇ 1̇ 6 | 5 − | 6 6 6 5 | 3· 5 | 6 6 6 5 | 3 − |
X X | X X | X X | X − | X X | X X | X X | X − |
嚓 嚓　嚓 嚓　轻 轻　搓　嚓 嚓　嚓 嚓　轻 轻　搓
1 1 3 | 1 1 3 | 1 3 | 5 − | 5 5 3 | 5 5 3 | 5 1̇ | 1̇ − ‖
X − | X − | X X | X − | X − | X − | X X | X − ‖
嗨　嗨　用 力 搓　嗨　嗨　晾 起 来。

配器建议：嗨——大鼓；用力搓——全体齐奏；嚓嚓——摇铃鼓；轻轻搓——碰铃；晾起来——全体乐器</td></tr>
<tr><td colspan="5">成果展示：
你能邀请其他同学一起演奏出来吗？</td></tr>
<tr><td rowspan="2">自我评价</td><td>等级评价</td><td>非常满意</td><td>满意</td><td>不太满意</td></tr>
<tr><td>语言描述</td><td colspan="3"></td></tr>
</table>

三、自我评价

自我评价见表 2–28。

表 2–28　自我评价

记忆能力成果	掌握的知识：
	未掌握的知识：
分析能力成果	分析能力的成果：
	遇到的困难：
实践能力成果	能应用于实践的知识：
	实践有困难的知识：
创新能力成果	创新方面的成果：
	创新方面遇到的困难：

四、知识链接

打击乐器演奏活动是具有很强操作性的活动。由于幼儿好奇心强，自制力较差，拿起乐器就喜爱敲敲摇摇，因此，打击乐器演奏活动比舞蹈、唱歌等其他教学活动更难组织，它需要教师帮助幼儿建立必要的常规。其内容包括：

①听音乐信号拿放乐器。

②乐器拿起后或打击乐停下时放于腿上，不随便发出声响。

③乐曲开始前，听指挥拿起乐器。

④徒手模仿各种乐器演奏的常规。

⑤演奏各种乐器的常规。

⑥指挥者和被指挥者的相互注视的常规。

⑦演奏乐器时，相互倾听的常规。

下面举例说明如何对中班幼儿进行打击乐器演奏常规教育训练。

一是帮助幼儿认识建立打击乐器演奏常规的重要性。

拿起乐器后，幼儿总喜爱敲敲摇摇，不在意是上课还是下课。在这种情况下，老师的说教作用不大。我就让幼儿自己去尝试和认识，从而加以改正。我请大家听：乐器拿起后，你听到了什么声音？有什么感受？应该怎样？幼儿听了以后说：很乱、很吵，心里感到很烦，应该管好自己的乐器等。这样，幼儿通过亲身感受，明白了应该怎样做。

二是给幼儿讲邱少云叔叔的故事，培养幼儿的自我控制能力。

孩子在活动中认识到不能随便玩乐器，有了想控制自己的愿望，但由于控制能力差，往往难以实现，需要老师不断地为他们树立信心，提高认识，从情感上打动他们。为此，我给他们讲邱少云叔叔的故事，为他们树立学习的榜样，并让他们从纸的燃烧，想象、体验大火烧身的感受，以及忍受这种疼痛所需的坚强毅力。故事讲完以后，教室里一片寂静。过了一会儿，幼儿七嘴八舌地议论开："他为什么不动呢？""他一动不是就被敌人发现了吗？""他一动，敌人就会向部队开炮。"幼儿在相互议论，这说明他们对这个故事十分关注，在情感上产生了某种共鸣。我借着这样的机会问他们："老师就要带你们上打击乐器演奏课了，你们应该怎样做呢？"幼儿纷纷表示："我要坐好。""我不乱动乐器。"果然，这节打击乐器演奏课，幼儿非常认真，没有听到他们随便敲打乐器的声音。

三是扮演小乐队队员。

幼儿担任了某一角色，在行动上必然会受角色的约束，并为完成这一角色的任务而付出努力。我组织幼儿观看乐队演出的录像，让他们了解每个队员是怎样认真演奏的。停下时，乐器有没有随便发出声音？然后请小朋友扮演奏乐队队员进行训练。以上述第三条规则为例，我先将此规则分成三个步骤：（1）乐器拿起前，不低头看乐器；（2）乐器拿起后，先放腿上不随便发出声音；（3）打击乐器演奏中途暂停或结束时放在腿上，让幼儿按照下面三个步骤进行训练。

①游戏：小门。以游戏形式让幼儿用两腿做小门，当门关上的时候，谁也不能去看乐器；当老师说"打开门"时，队员才可以拿乐器。这种形式，幼儿非常喜爱，在不知不觉中，幼儿遵守了不低头看乐器这条规则，也得到了快乐的体验。

②讨论：乐器放在哪里？乐器拿起后，放于何处合适呢？有的幼儿举在胸前，有的幼儿放在腿上，有的则在空中举着。我请幼儿上来看，看的幼儿发现这样很乱。我让幼儿自己讨论，结果大多数幼儿都认为放在腿上好，因为这样便于休息，又易于管理。少数持不同意见的幼儿也感到这样做有道理。这样，大家都快乐地接受了这一规则。

③想象：我是小队员。小乐队准备好了一切，就要演出了。我让幼儿先分别想象正在为成千上万的观众演出，正在为爸爸妈妈演出或正在为客人们演出，台下还有人在照相。幼儿想到自己是个乐队队员正在演出时，行动就有所制约。老师对于能管好自己的乐队队员给予适当表扬，以此带动大家，效果也较好。

四是创设情境：猫阿姨的摇篮曲。

设计一定的情境也是培养幼儿自制能力的好方法，因为一定的情境有助于引发幼儿的积极情感和行动。如要求幼儿轻轻敲击乐器，轻到怎样的程度，幼儿无法控制。我就编了一个故事，故事大意：兔妈妈要出门，临行前，分别请了青蛙妈妈、公鸡爸爸、猫阿姨来照看宝宝。由于青蛙妈妈声音太粗，公鸡爸爸声音太响，最后只有猫阿姨那种温柔的、轻

轻的声音才哄兔宝宝睡着了。同时，我选了一首摇篮曲，让幼儿根据青蛙、公鸡、小猫的形象和声音分别用乐器演奏，他们在情境表演中感到轻轻敲击效果好。至于怎样敲才能轻，我注意发挥幼儿的主体作用，让幼儿自己设计、讨论、比较、相互合作去发现，最终得出结果。如敲铃鼓时用四指去击靠鼓面边，摇铃鼓时在身体前由下而上，这样不会碰到别人。最后再进行必要的练习，以达到巩固的目的。

——许卓娅，打击乐器演奏活动 [M]．南京：南京师范大学出版社，2000.

任务二　幼儿园打击乐器演奏活动的实施

幼儿园打击乐器演奏活动是幼儿园教育内容之一，幼儿园打击乐器演奏活动的实施是在掌握打击乐器演奏活动的基本知识的基础上，对幼儿园打击乐器演奏活动进行有效的设计与实施。

任务描述

（1）观看视频完成打击乐器演奏活动案例分析与知识点的学习。

（2）完成教学案例的撰写。

（3）完成评价与反思的撰写与整理。

（4）模拟幼儿园情景，尝试组织、实施幼儿园打击乐器演奏活动。

任务准备

下面是幼儿园打击乐器演奏活动的案例及分析。

一、“同一能力”在相同年龄段的“多途径”教学活动

（一）案例展示

【歌曲】

郊　游

中国台湾地区儿童歌曲

1＝F $\frac{2}{4}$

中速　愉快地

5 5 | 5 3 5 | 5. 3 1 3 | 2 1 5 |

走 走 走走 走，我 们大 家 手 拉 手，

6 1 | 5 1 3 | 5 12 3 2 | 1 - |

走 走 走走 走，一同 去 郊 游。

6 1 | 5 1 3 | 5 12 3 2 | 1 - |

走 走 走走 走，一同 去 郊 游。

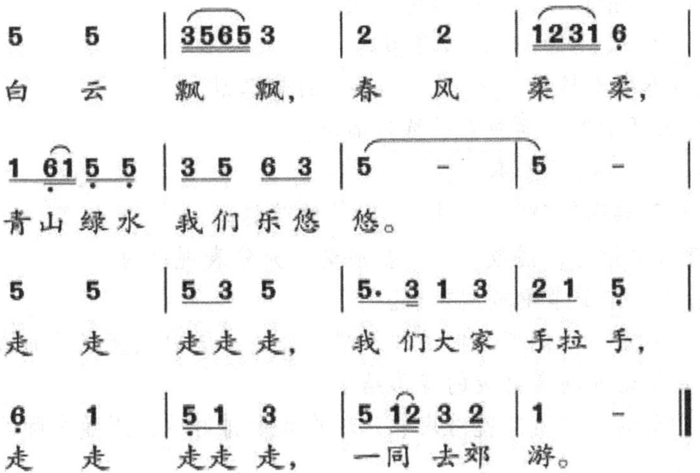

【教案】

案例 1

中班打击乐活动《郊游》

一、活动目标

（1）情感目标：养成一边看指挥，一边较好地演奏乐器的习惯。

（2）认知目标：进一步熟悉歌曲，认识奥尔夫乐器铃鼓并探索演奏方法。

（3）能力目标：掌握并能演奏出 ××| ×××| 的节奏型。

二、活动准备

（1）经验准备：会唱歌曲《郊游》。

（2）物质准备：铃鼓、《郊游》的音频。

三、活动过程

（一）歌曲导入

师幼问好，复习歌曲《郊游》。

师：小朋友还记得上节课我们学习的歌曲《郊游》吗？跟随老师我们一起唱一遍吧！

（二）加入动作，练习节奏

加入动作感受 ××| ×××| 的节奏型。

（1）师生共同探索，创编动作。

① A 段拍手。

② B 段摇手。

（2）教师哼唱，边表演边唱，重点练习 ××| ×××| 的节奏型。

（3）幼儿听音乐，练习节奏。

师：那现在呢请小朋友竖起小耳朵，我们一起来表演一下吧！

（三）乐器演奏

（1）介绍乐器、分发乐器铃鼓。

师：猜一猜今天带来了哪个乐器宝宝呢？听一听它的声音，你们知道它叫什么吗？

（2）幼儿自由探索乐器的声音。

师：试着敲一敲，怎样才能发出声音呢？要轻轻地哦，不要把小乐器弄坏了。

(3) 幼儿看教师指挥，教师哼唱练习演奏。

① A 段拍鼓，× ×| × × ×| 的节奏型。

② B 段跟随节奏摇奏铃鼓，× ×| × × ×| 的节奏型。

(4) 幼儿看教师指挥，播放音乐练习演奏。

① A 段 × ×| × × ×| 的节奏型。

② B 段跟随节奏摇奏铃鼓，× ×| × × ×| 的节奏型。

(5) 幼儿看教师指挥，播放音频完整演奏，充分表现歌曲。

(6) 播放音乐，跟随节奏放回乐器。

师：乐器宝宝累了，我们把它们送回家吧！注意小脚要跟随老师的脚步哦！

(四) 教师带领幼儿随着舒缓的音乐结束

师：今天我们玩的郊游游戏就结束啦，现在我们排好队，跟随老师的脚步去操场吧！

四、活动延伸

以"郊游"为主题，画一幅画。

案例 2

【歌曲】

注：参照案例 1。

中班打击乐活动《郊游》

一、活动目标

(1) 情感目标：养成一边看指挥，一边较好地演奏乐器的习惯。

(2) 认知目标：进一步熟悉歌曲，认识奥尔夫乐器腕铃并探索演奏方法。

(3) 能力目标：掌握并能演奏出 × ×| × × ×| 的节奏型。

二、活动准备

(1) 经验准备：会唱歌曲《郊游》。

(2) 物质准备：腕铃、《郊游》的音频。

三、活动过程

(一) 问好，游戏情境创设

(1) 郊游游戏情境的创设。

(2) 复习歌曲，脚踏节奏 × ×| × × ×|。

师：小朋友们，今天老师带你们去郊游啦！那我们排好队，模仿老师的脚看看是怎么去郊游的！我们边走边唱吧！快看，前面有个小山丘，我们怎么才能过去呢？

(二) 进入游戏，练习节奏

提示："跳一跳"游戏，游戏规则，随机抽取节奏卡，演奏节奏卡上的节奏论输赢，演奏正确的同学向前跳跃，跳跃的节奏为 × ×| × × ×|，并说出暗号，追|追不上|× ×| × × ×|，比一比谁最先跳到终点。

(1) "越过山丘"游戏

①教师和一名幼儿做示范讲解游戏规则。

②分为两组（跨越山丘 1 组、跨越山丘 2 组），集体游戏。

（2）听教师的指令，教师哼唱歌曲进行游戏，练习节奏。

（3）播放音乐，进行游戏。

（三）加入乐器，进行游戏

师：我们胜利啦！大家都跨越山丘啦，那我们继续郊游吧！“走走走走走……”，看前面那个箱子是什么呢？我们看一看。

（1）认识乐器腕铃，并发放到幼儿手中。

（2）迁移上述的游戏动作，进行演奏。

①引导幼儿把腕铃绑在脚腕上。

②听教师的指令，教师哼唱进行演奏。

③播放音乐进行演奏。

（四）活动结束部分

教师带领幼儿进行随着音乐收回乐器并走出教室。

师：好啦，我们郊游结束啦，小朋友们是不是累啦，我们一起去吃点东西吧！“走走走走走……”

四、活动延伸

以“郊游”为主题，画一幅画。

（二）案例分析

案例分析见表 2-29。

表 2-29　案例分析

项目		案例 1	案例 2	自己的观点
活动目标		情感目标和能力目标相同 认知目标：认识铃鼓	情感目标和能力目标相同 认知目标：认识腕铃	
活动准备		经验准备：相同 物质准备：铃鼓、《郊游》的音频	经验准备：相同 物质准备：腕铃、《郊游》的音频	
活动过程	导入活动	歌曲导入	游戏情境创设	
	完整欣赏全曲，感受音乐	相同	相同	
	徒手练习节奏	教师引导，学生自主探究	游戏方式	
	乐器演奏	教师引导，学生自主探究	游戏方式	
	结束部分	大致相同	大致相同	
活动延伸		相同	相同	

二、“同一能力”在不同年龄段的“进阶式”教学活动

（一）案例展示

【歌曲】

小动物乐队

1=D 2/4

童声独唱

欢乐、天真地……

(1. 111 5 3 | 2 2 2 | 2. 222 5 5 | 3 1 1) ||: 3. 333 1 5 |
我 是一只 小 猫
我 是一只 小 狗
我 是一只 小 鸭

3 2 2 0 | 2. 222 1 5 | 5 3 3 0 | (1 5 5 5 | 1 5 5 5) |
喵 喵 喵， 我 是一只 小 猫 喵 喵 喵。
汪 汪 汪， 我 是一只 小 狗 汪 汪 汪。
嘎 嘎 嘎， 我 是一只 小 鸭 嘎 嘎 嘎。

2. 222 5 5 | 3 1 1 0 | (1. 111 5 3 | 2 2 2 | 2. 222 5 5 |
我 们一起 唱 歌 喵 喵 喵。
我 们一起 唱 歌 汪 汪 汪。
我 们一起 唱 歌 嘎 嘎 嘎。

3 1 1 | 1. 111 5 3 | 2 2 2 | 2. 222 5 5 | 3 1 1) :||

〔齐唱〕
3. 333 1 5 | 3 2 2 0 | 2. 222 1 5 | 5 3 3 0 | (1555 1535 |
我 们一起 唱 歌 啦 啦 啦， 我 们一起 唱 歌 啦 啦 啦。

1555 1535) | 2. 222 5 5 | 3 1 1 0 | (1 1 5 1. | 1 1 5 1. |
我 们一起 唱 歌 啦 啦 啦。

2 2 5 2. | 1 1 5 1. | 1 5. 5 1 | 3 1. 1 3 | 0555 5567 |

1 0 1 0) ||

【教案】

案例 1

小班打击乐活动《小动物乐队》

一、活动目标

（1）情感目标：养成爱护乐器的好习惯，体验与同伴合奏的乐趣。

（2）认知目标：进一步熟悉歌曲，认识奥尔夫乐器响板、手铃、铃鼓并探索演奏方法。

（3）能力目标：在熟练掌握动作的基础上，感受稳定拍。

二、活动准备

（1）经验准备：会演唱歌曲《小动物乐队》。

（2）物质准备：响板、手铃、铃鼓若干，小动物图片、图谱，《小动物乐队》的音频。

三、活动过程

（一）问好，导入活动

师生问好，复习歌曲。

师：小朋友们还记得上节课哪些小动物来和我们一起做游戏了吗？

（二）跟随音乐，感受稳定拍

师：今天这些小动物又来给我们表演节目来啦。

（1）跟随小动物的动作感受节拍。

①小猫表演节目——拍手。

②小狗表演节目——拍腿。

③小鸭表演节目——拍肩膀。

④合奏表演——拍胸口。

（2）教师哼唱歌曲分成三组练习。

（3）播放音乐，幼儿跟着音乐分组完整练习

（三）乐器演奏，感受稳定拍，养成爱护乐器的好习惯。

1．介绍乐器并探索演奏方法

（1）认识响板、手铃、铃鼓。

师：小朋友们，我们看一下今天都有哪些乐器宝宝来我们班做客呢！

（2）分发乐器，引导幼儿探索演奏方法。

师：试着敲一敲，怎样才能发出声音呢？要轻轻地哦，不要把小乐器弄坏了。

2．幼儿看教师指挥，集体演奏

师：请小朋友们，拿起手中的乐器，看老师指挥，一起进行演奏吧！

（1）幼儿看教师指挥，教师哼唱，分声部练习演奏。

小猫——响板；

小狗——手铃；

小鸭——铃鼓。

合奏。

（2）幼儿看教师指挥，播放音乐，进行演奏，充分感受稳定拍

小猫——响板；

小狗——手铃；

小鸭——铃鼓。

合奏。

（3）交换乐器进行演奏。演奏完毕，把乐器送回家。

（四）教师带领幼儿随着舒缓的音乐结束

师：今天的游戏就结束了，跟随老师的脚步，到图书角找一找有没有保护小动物的图书吧！

四、活动延伸

延伸到语言区，阅读一些保护小动物的图书。

案例 2

【歌曲】

郊　游

1=F $\frac{2}{4}$　　　　　　　　中国台湾地区儿童歌曲

中速 愉快地

5 5 | 5 3 5 | 5. 3 1 3 | 2 1 5 |

走 走 走走走，我 们大家 手拉手，

6 1 | 5 1 3 | 5 12 3 2 | 1 - |

走 走 走走走，一同 去郊 游。

5 5 | 3565 3 | 2 2 | 1231 6 |

白 云 飘 飘，春 风 柔 柔，

1 61 5 5 | 3 5 6 3 | 5 - | 5 - |

青山 绿水 我们 乐悠 悠。

5 5 | 5 3 5 | 5. 3 1 3 | 2 1 5 |

走 走 走走走，我 们大家 手拉手，

6 1 | 5 1 3 | 5 12 3 2 | 1 - ‖

走 走 走走走，一同 去郊 游。

【教案】

中班打击乐活动《郊游》

一、活动目标

（1）情感目标：养成一边看指挥，一边较好地演奏乐器的习惯。

（2）认知目标：进一步熟悉歌曲，认识奥尔夫乐器铃鼓并探索演奏方法。

（3）能力目标：演奏 × ×| × × ×| 的节奏型。

二、活动准备

（1）经验准备：学会唱《郊游》。

（2）物质准备：铃鼓《郊游》的。

三、活动过程

（一）问好，歌曲导入

师生问好，复习歌曲《郊游》，在教师的引导下进行练习。

师：小朋友还记得上节课我们学习的歌曲《郊游》吗？跟随老师我们一起唱一遍吧！

（二）加入动作，练习节奏

（1）加入动作，感受 × ×| × × ×| 的节奏型。

① A 段拍手（× ×| × × ×|）。

② B 段摇手（× ×| × × ×|）。

（2）教师哼唱，边表演边唱，重点练习 ××｜ ×××｜的节奏型。

（3）幼儿听音乐，练习节奏。

师：那现在呢请小朋友竖起小耳朵，我们一起来表演一下吧！

（三）乐器演奏

（1）介绍乐器、分发乐器铃鼓。

师：猜一猜今天带来了哪个乐器宝宝呢？听一听它的声音，你们知道它叫什么吗？

（2）幼儿自由探索乐器的声音。

师：试着敲一敲，怎样才能发出声音呢？要轻轻地哟，不要把小乐器弄坏了。

（3）幼儿看教师指挥，教师哼唱练习演奏。

① A 段拍鼓，××｜ ×××｜的节奏型。

② B 段跟随节奏摇奏铃鼓，××｜ ×××｜的节奏型。

（4）幼儿看教师指挥，播放音乐练习演奏。

① A 段 ××｜ ×××｜的节奏型。

② B 段跟随节奏摇奏铃鼓，××｜ ×××｜的节奏型。

（5）幼儿看教师指挥，播放音频完整演奏，充分表现歌曲。

（6）播放音乐，跟随节奏放回乐器。

师：乐器宝宝累了，我们把它们送回家吧！注意小脚要跟随老师的脚步哟！

（四）教师带领幼儿随着舒缓的音乐结束

师：今天我们玩的郊游游戏就结束啦，现在我们排好队，跟随老师的脚步去操场吧！

四、活动延伸

以“郊游”为主题，画一幅画。

案例 3

【歌曲】

谁是星猫

（同名动画片主题曲）

庄锦斌 词
陆　琦 曲

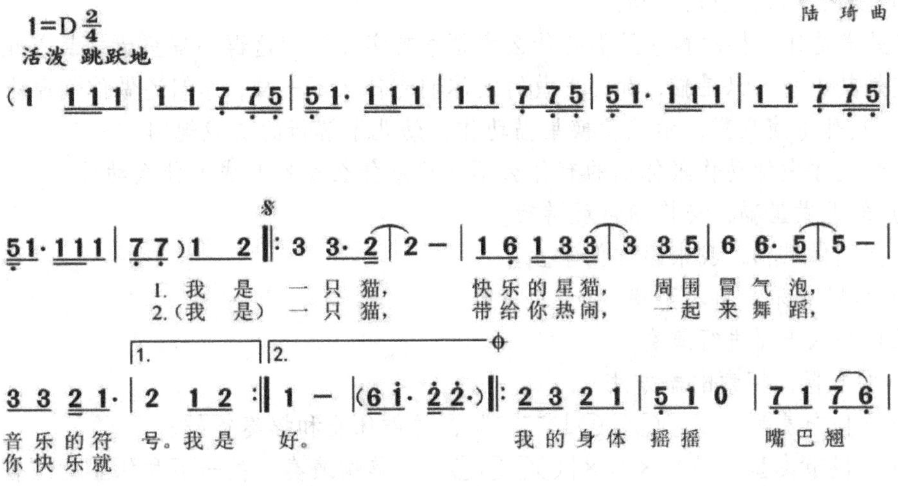

1=D $\frac{2}{4}$
活泼 跳跃地

(1 111 | 1 1 7 75 | 51· 111 | 1 1 7 75 | 51· 111 | 1 1 7 75 |

51·111 | 77) 1 2 ‖: 3 3·2 2 — | 1 6 1 3 3 3 | 3 3 5 | 6 6·5 5 — |

1. 我 是 一只 猫， 快乐的星猫， 周围冒气泡，
2.（我 是）一只 猫， 带给你热闹， 一起来舞蹈，

3 3 2 1· | [1.] 2 1 2 :‖ [2.] 1 — | (6 i· 2 2·) ‖: 2 3 2 1 | 5 1 0 | 7 1 7 6 |

音乐的符 号。我是 好。 我的身体 摇摇 嘴巴翘
你快乐就

6̣ 0 | 3 4 3 4 | 3 4· | 3 4 3· 2 | 2 3 4 | 5· 5 | 5 4 3 3 5 |
翘，我是快乐星猫，不睡懒觉。身边阳光围绕，闻到

5 4 3 3 | 2 0 | 5̣ 3 0 3 | 5̣ 2 0 3 | 2 1· |[3.] (1) — :‖[4.] (1) 1 2 :‖
快乐的味道，一起大声叫：喵喵喵。我是

【教案】

大班打击乐活动《谁是星猫》

一、活动目标

（1）情感目标：乐于参与活动，体验打击乐活动的乐趣。

（2）认知目标：进一步熟悉音乐，学会“选领袖游戏”。

（3）能力目标：尝试创编各种“星猫”动作来玩游戏，用乐器匹配游戏动作，能用铃鼓和沙锤演奏并掌握“〇〇〇〇| ~~~~”和“××××|〇〇〇〇”的节奏型。

二、活动准备

（1）经验准备：了解动画片《快乐星猫》中的故事情节，学习歌曲的律动动作。（A段：星猫动作先空四拍，再抖胡须，循环。B段：星猫拍四下手，做一个双手拇指指自己的“真棒”的动作。）

（2）物质准备：音乐剪辑A+B+A、铃鼓、沙锤。

二、活动过程

（一）复习律动动作

师：天气真好，森林里的小猫们都出来玩啦！

（二）学玩新游戏，练习节奏

提示：游戏为选领袖游戏，只要做到“在一起来舞蹈”这一句动作时，台上的星猫就到台下选一位星猫上台做带头人，带领小猫们做各种星猫的动作造型。A段：做扮演星猫动作，抖胡须。节奏型：A段：“〇〇〇〇| ~~~~”。B段：星猫带领下面的小猫玩变造型。节奏型：“××××|〇〇〇〇。”

（1）提问导入，引出活动。

师：星猫是什么样的猫？星猫有什么本领？其实在我们这群小猫里呀，藏着几只星猫。现在我就是其中的一只星猫，看看我做的跟你们有什么不一样，你们还做你们原来的动作。

（2）教师扮演星猫，示范替换星猫动作，幼儿了解新的游戏规则。

师：我刚才做的动作跟你们的有什么不一样？什么动作变成了什么动作？

（3）幼儿做星猫，交换角色玩游戏。

师：你们做星猫，我来跟你们学。

（4）跟随音乐，再次游戏

（三）加入乐器进行演奏

1. 分发乐器，探索配器方法

（1）A段节奏型：“〇〇〇〇| ~~~~”，铃鼓休止和摇奏铃鼓。

（2）B段节奏型：“××××|〇〇〇〇”，单响演奏一拍一下和休止的组合。

师：小猫们变了很多动作开心吧，小乐器也想来和我们一起玩呢。我做星猫，你们用小乐器给我加油好不好！

师：我在做抖胡须动作的时候，你们怎么演奏的呀？原来用连续摇的方法。拍手的时候呢？原来是用一下一下敲的方法。

2. 请一名幼儿做星猫，尝试乐器演奏

提示学生变出造型时，能控制好乐器，不发出声音。

3. 交换朋友，完整循环游戏

（1）讨论交换朋友的方法。

师：这么多人想做厉害的星猫啊！那在哪个动作的时候可以换朋友呢？怎么交换？

（2）幼儿完整玩游戏。

（3）再次完整演奏。

（四）结束部分

教师带领幼儿放着音乐，把乐器放回原位并走出教室。

四、活动延伸

讲一讲动画片中星猫的故事。

（二）案例分析

案例分析见表 2–30。

表 2–30　案例分析

<table>
<tr><th colspan="2">项目</th><th>案例 1</th><th>案例 2</th><th>案例 3</th><th>自己的观点</th></tr>
<tr><td rowspan="3">活动目标</td><td>情感目标</td><td>养成爱护乐器的习惯，体验与同伴合奏的乐趣</td><td>养成较好的演奏习惯</td><td>乐于参与活动，体验活动的乐趣</td><td></td></tr>
<tr><td>认知目标</td><td>认识乐器</td><td>认识乐器</td><td>熟悉音乐，学会选领袖的游戏</td><td></td></tr>
<tr><td>能力目标</td><td>感受稳定拍</td><td>演奏简单的节奏型</td><td>演奏两种相对复杂的节奏型</td><td></td></tr>
<tr><td colspan="2">活动准备</td><td>经验准备：会唱歌曲《小动物乐队》
物质准备：响板、手铃、铃鼓若干，小动物图片、图谱，《小动物乐队》的音频</td><td>经验准备：会唱歌曲《郊游》
物质准备：铃鼓《郊游》的音频</td><td>经验准备：了解动画片《快乐星猫》中的故事情节、学习了歌曲的律动动作
物质准备：音乐剪辑 A+B+A、铃鼓、沙锤</td><td></td></tr>
<tr><td rowspan="5">活动过程</td><td>导入活动</td><td>歌曲导入</td><td>歌曲导入</td><td>韵律活动</td><td></td></tr>
<tr><td>完整欣赏全曲，感受音乐</td><td>相同</td><td>相同</td><td>相同</td><td></td></tr>
<tr><td>徒手练习节奏</td><td>动作</td><td>动作</td><td>游戏</td><td></td></tr>
<tr><td>乐器演奏</td><td>演奏稳定拍</td><td>演奏 × × | × × × | 的节奏型</td><td>“○○○○|~~~~”和“××××| ○○○○”</td><td></td></tr>
<tr><td>结束部分</td><td>大致相同</td><td>大致相同</td><td>大致相同</td><td></td></tr>
</table>

项目	案例 1	案例 2	案例 3	自己的观点
活动延伸	语言	美术	讲故事	

执行任务

一、执行流程

执行流程如图 2-16 所示。

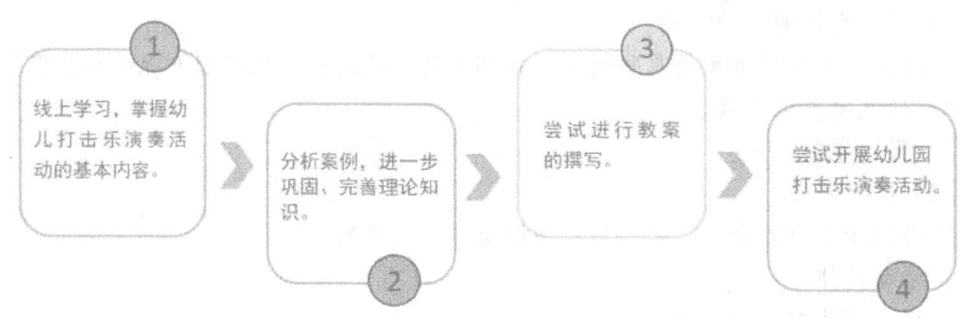

图 2-16 执行流程

二、执行效果

请针对下面的歌曲对内容、学情、目标、策略进行分析，并进行教案撰写和试讲评价与反思，见表 2-31。

粉刷匠

〔波兰〕贾洁洛夫卡雅 词
〔波兰〕列辛斯卡娅 曲
周懋功、杨文竞 译配

1=D 2/4

温和地

5 3 5 3 | 5 3 1 | 2 4 3 2 | 5 - | 5 3 5 3 | 5 3 1 |
我是一个 粉刷 匠，粉刷本领 强。 我要把那 新房子

2 4 3 2 | 1 - | 2 2 4 4 | 3 1 5 | 2 4 3 2 |
刷得很漂 亮。 刷了房顶 又刷 墙，刷子飞舞

5 - | 5 3 5 3 | 5 3 1 | 2 4 3 2 | 1 - ‖
忙， 哎呀我的 小鼻 子，变呀变了 样。

表 2-31 执行效果评价

项目	内容
内容分析	

续　表

项目	内容
学情分析	
目标分析	
策略分析	
教案撰写	
试讲评价与反思	

三、自我评价

自我评价见表 2–32。

表 2–32　自我评价

记忆能力成果	掌握的知识：
	未掌握的知识：

续 表

<table>
<tr><td rowspan="2">分析能力成果</td><td>分析能力的成果：</td></tr>
<tr><td>遇到的困难：</td></tr>
<tr><td rowspan="2">实践能力成果</td><td>能应用于实践的知识：</td></tr>
<tr><td>实践有困难的知识：</td></tr>
<tr><td rowspan="2">创新能力成果</td><td>创新方面的成果：</td></tr>
<tr><td>创新方面遇到的困难：</td></tr>
</table>

四、知识链接

不同打击乐器演奏教学内容有不同的设计思路。

第一，先通过示范、模仿、练习掌握作品配器的整体布局，再分声部合练。或先通过示范、模仿、练习掌握主要声部的演奏方式，再学习将其他配合的声部一一累加上去。待儿童已能初步演奏该作品后，最后再尝试各种创造性发展练习的方案。

第二，先让儿童通过模仿或集体探索、讨论的方法获得作品节奏配置的整体布局，然后再通过实施教师或儿童设计指挥或即兴指挥的方法逐一尝试演奏各种不同的配器方案。

第三，先让儿童感知音乐或了解将要表现的形象、内容，然后再引导儿童集体探索、讨论、设计打击乐的配器方案，最后再尝试演奏并逐步增强这些方案的完善性。

第四，先让儿童倾听、观看、学习专门设计的有关故事、图画或韵律活动，然后再引导儿童将隐含在其中的音乐结构及节奏抽取出来，转换成相应的打击乐曲配器方案，最后再进行演奏或其他的发展性学习活动。

第五，先引导儿童在有趣的游戏活动中对某一种或几种特定的打击乐器进行探索，了解在什么情况下可能发出什么样的声音。然后再引导儿童引用探索中获得的有关经验进行配器及演奏的实践。

项目四　幼儿园音乐欣赏活动的认知与实施

项目介绍
通过听觉感知音乐是各种类型音乐活动开展的重要手段，借助听觉感受、理解、分析音乐，进而构成不同程度的音乐教育。幼儿园音乐欣赏活动主要通过倾听培养幼儿对音乐的感受与理解能力，培养其良好的音乐素养与音乐审美，进而完善其感知能力、逻辑思维能力、表达能力等，促进个体全身心的健康全面发展，从而达成通过音乐教育实现育人的目的。 本项目以幼儿园音乐欣赏活动教学实践操作为重点，阐述了幼儿园音乐欣赏活动的主要教学内容，音乐欣赏活动本身，以及与本领域其他内容、其他领域整合的活动设计与实施的原则与方法。
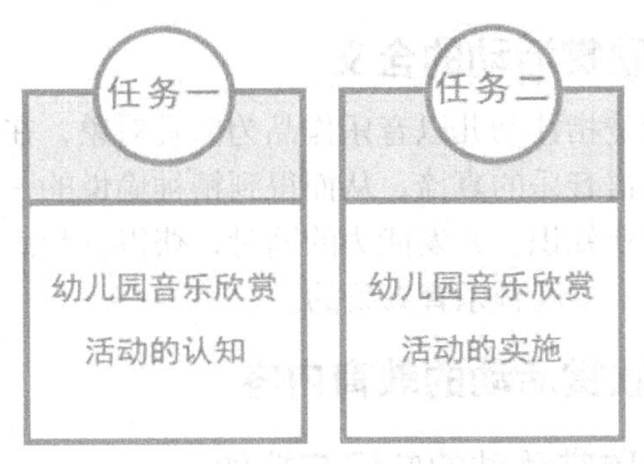
项目需求
1. 熟知教学设计要素、教学活动设计环节和设计思路。 2. 了解学情和教学要求与教学目标设计之间的逻辑关系。 3. 知晓活动评价要素与反思策略，具备基础的活动评价与反思的能力。
预期效果
1. 掌握幼儿园音乐欣赏活动的内容与方法。 2. 了解音乐欣赏活动的多种渠道，能够用已有的知识和实践经验组织音乐欣赏活动，提高理论到实践的知识迁移能力。 3. 能够独立完成音乐欣赏活动的活动设计并实施。 4. 通过案例分析和实践，树立职业理想，提高责任意识。

任务一　幼儿园音乐欣赏活动的认知

音乐教育就是欣赏教育，就是为了欣赏而进行的教育。—— 穆塞尔

对美的感知和理解是审美教育的核心，是审美的要点。—— 苏霍姆林斯基

在真正的音乐中，充满了一千种心灵的感受，比言词更好得多。—— 门德尔松

音乐欣赏是音乐教育活动中不可或缺的一部分。音乐欣赏可以使幼儿养成良好的倾听习惯，通过不同风格的优秀音乐作品，丰富音乐知识，开阔音乐眼界，达到提升鉴赏能力和正确认识世界的目的。这就要求教师在音乐欣赏活动的过程中，培养幼儿音乐的感受能力、审美能力的同时，还必须关注发展幼儿的想象、记忆、表达、审美、思维、创造等能力，净化心灵，完善人格，进而实现通过音乐教育促进幼儿身心全面健康的发展。

任务描述

（1）观看视频，学习幼儿园音乐欣赏活动的内涵及意义。

（2）通过学习幼儿园音乐教育的设计和音乐欣赏活动的本质，建立知识结构。

（3）分析案例，体会音乐欣赏活动设计理念与实施策略的应用。

任务准备

一、幼儿园音乐欣赏活动的含义

幼儿园音乐欣赏活动是指让幼儿以音乐作品为欣赏对象，在聆听的基础上通过其他辅助手段来感受、体验和领悟音乐的真谛，从而得到精神愉悦的一种审美活动。欣赏过程中幼儿通过体验与实践，收获知识、开发能力的同时，获得自我满足和精神上的愉悦感，从而激发幼儿对音乐的热爱，实现音乐育人目的。

二、幼儿园音乐欣赏活动的教育内容

（一）幼儿园音乐欣赏活动的知识与技能

幼儿园音乐欣赏活动的知识与技能见表 2–33。

表 2–33　幼儿园音乐欣赏活动的知识与技能

倾听	1. 自然界中的声音（风声、雨声、虫鸣鸟叫声等）； 2. 日常生活中的声音（关门声、走路声等）； 3. 人体所发出的声音（拍手声、跺脚声等）； 4. 音乐作品中的不同模拟音响声
理解	1. 了解音乐作品名称及常见乐器名称； 2. 理解主要内容（音乐所表达的感情、音乐情绪的发展变化）； 3. 掌握基本表现手段（节奏、节拍、速度、音色、旋律、结构等）； 4. 理解上述内容在音乐作品中的表现作用
联想	和生活有关的情景或记忆，以便更好理解音乐所表达的内容
分析对比	1. 同一音乐作品中的内容比较（段落是否相同，风格、音色等有无变化等）； 2. 不同音乐作品中的内容比较（性质、风格、情绪等有哪些区别）

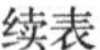

续表

再认	对欣赏过的作品，能够根据片段或全曲进行再认。 （能够说出名称，能够借助一定媒介表达对音乐的理解或感受）

（二）幼儿园音乐欣赏活动的选材

1. 音乐作品的选择

在音乐作品的选择上，要符合幼儿的年龄阶段，同时要符合幼儿的感知能力、对音乐作品的理解能力、接受水平等因素。无论是什么类型的音乐作品，其内容的表达、形象的描绘应是幼儿所熟悉的、易理解的、感兴趣的内容。音乐作品的形式应选择特点鲜明突出、结构完整、长度适宜的音乐作品，以便于幼儿的理解与记忆。同时还应具备较高的艺术性，具有一定的思想内涵，具有高质量的演奏或演唱水准，以开阔幼儿的眼界，丰富其音乐经验。幼儿园音乐欣赏活动的选材见表 2–34。

表 2–34　幼儿园音乐欣赏活动的选材

选材方式	班级类型		
	小班	中班	大班
总体考虑	（1）是否符合教育要求，所选音乐作品的内容、形式、风格是否丰富多样，比例结构是否合理清晰。 （2）是否符合幼儿的实际能力水平，所选音乐作品的长度、结构是否合理，是否符合幼儿善于模仿的特点，是否容易激发幼儿想象。 （3）是否符合幼儿的兴趣需要		
声乐类	歌词简单易理解，结构短小，便于幼儿记忆	歌词不宜过长、过于复杂，结构短小清晰	歌词不宜过长、过于复杂，结构清晰
器乐类	描写内容应是幼儿所熟悉、感兴趣的	描写内容贴近幼儿生活，篇幅短小，符合幼儿感知能力和理解能力的发展水平	描写内容贴近幼儿生活，篇幅不宜过长，结构清楚

2. 辅助材料的选择

由于受到年龄、知识经验、音乐经验等多种因素的限制，幼儿在音乐欣赏的过程当中很难像成人一样进行理性的思考或者仅通过倾听来获得体验，因此，教师必须借助一些辅助手段来丰富他们的视听感受。辅助材料的选择也成为幼儿进行音乐欣赏活动时一种自然的、必要的手段，见表 2–35。

表 2–35　辅助材料的选择

动作辅助材料	视觉辅助材料	语言辅助材料
能反映音乐结构、旋律、内容、情感等方面的身体动作，动作内容应简易明确，便于幼儿掌握和记忆	能形象具体地反映音乐作品的结构、情感、节奏、节拍等鲜明特点，如图片、幻灯片、视频影像、手偶玩具等	能够反映音乐作品所表达的形象或意境，如诗歌、谜语、故事等

暂停反思
幼儿园教师进行音乐欣赏活动设计时，可以针对幼儿哪些方面的能力进行培养？为不同年龄阶段的幼儿选择音乐欣赏活动材料时，需要做哪些考虑？

三、幼儿园音乐欣赏活动的教学方法

幼儿年龄较小，理解能力较差，为使他们在音乐欣赏活动过程中能够更充分地表达自己，也为了活动更生动、有趣和有效，通常采用情景交融、动静结合的教学方法，见表2–36。

表2–36　幼儿园音乐欣赏活动的教学方法

语言导入法	用抒情性语言或具有引导意义的故事吸引幼儿的注意力，激发兴趣
视听结合法	利用图画、课件、录音影像等形象特点鲜明的教具等为幼儿展示鲜活的音乐形象
主题提示法	适用于音乐形象鲜明且结构简单的音乐作品，帮助幼儿体验音乐情景
对比欣赏法	通过不同风格的音乐作品培养幼儿对音乐的辨别能力与审美能力
游戏串联法	将活动过程设计成一连串的游戏，每个游戏重点解决一个方面的问题

四、幼儿园音乐欣赏活动的流程

我们一般采用“总—分—总”的模式组织幼儿园的音乐欣赏活动，流程如下：

（一）导入

教师可以采用容易引起幼儿兴趣的方式引出音乐作品的主题。比如，我们可以使用生动形象的语言描绘或语言结合图片／视频／道具的方式向幼儿介绍音乐作品的主要内容。除此之外，我们还可以采用游戏、情景导入、引导提问等方式完成该环节内容。

（二）完整聆听，初步感受

在这一环节，教师组织幼儿完整聆听音乐作品，同时可以结合影像资料、道具、表演或语言辅助等手段帮助幼儿初步理解音乐，了解乐曲风格、性质等内容，并及时与幼儿交流感受。

（三）分段聆听

当音乐作品包含多个乐段或多段歌词内容时，教师可以组织幼儿分段进行聆听。教师可以提出具有针对性的问题或要求（如每段歌词中具体描述了什么内容等），有目的地进行欣赏，便于幼儿更为深刻地感受和体验音乐作品的细节。

（四）完整欣赏

经过分段聆听、感受音乐作品之后，教师组织幼儿再次完整欣赏音乐作品，还可以带领幼儿跟随音乐做肢体动作，或鼓励幼儿根据自己对音乐的理解采用不同的方式对音乐进行表现，加深幼儿对音乐的理解，在培养幼儿多种能力的同时提升幼儿对音乐的兴趣。

（五）反复完整欣赏

教师带领幼儿反复聆听音乐作品，能够加深幼儿对音乐作品的记忆。同时可以采用不同的参与方式帮助幼儿更细致地感受音乐作品的形象、风格、特点等。

五、知识梳理

知识梳理如图 2–17 所示。

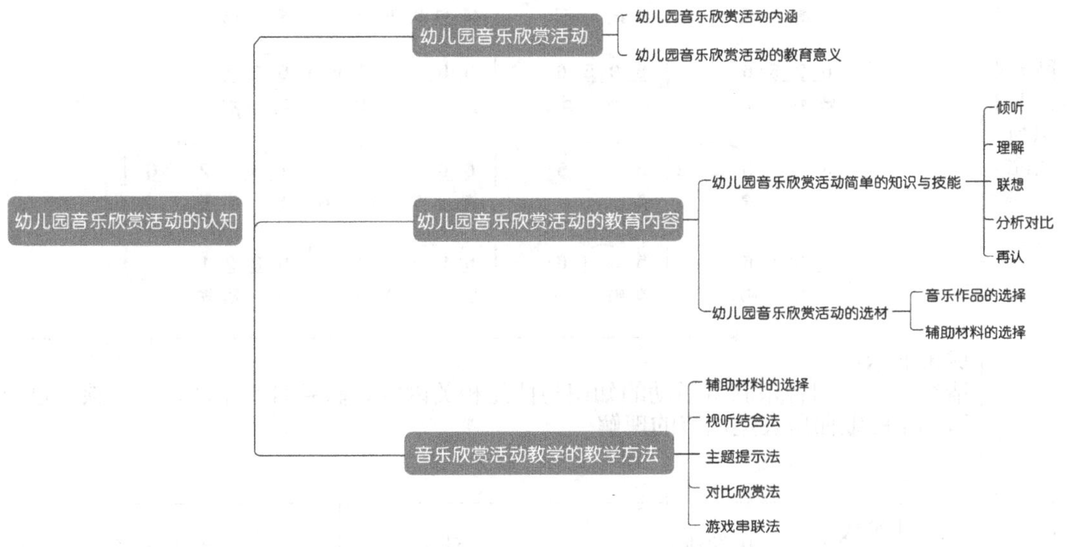

图 2–17　知识梳理

执行任务

一、执行流程

执行流程如图 2–18 所示。

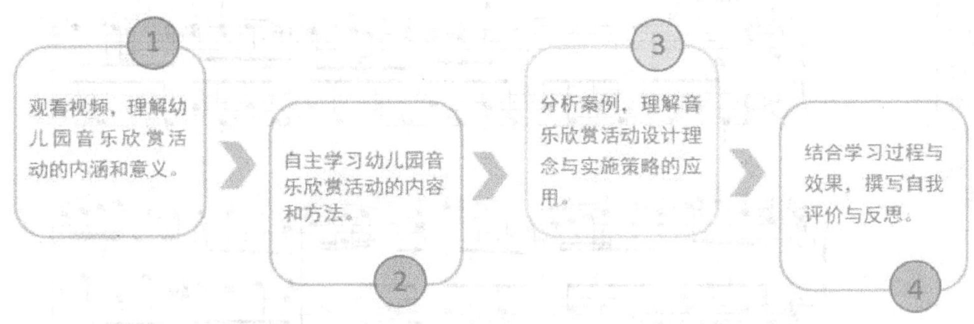

图 2–18　执行流程

二、执行效果

执行效果评价见表2–37。

表2–37　执行效果评价

<table>
<tr><th>内容</th><th colspan="5">案例</th></tr>
<tr><td rowspan="2">音乐欣赏的知识与技能</td><td colspan="5"> 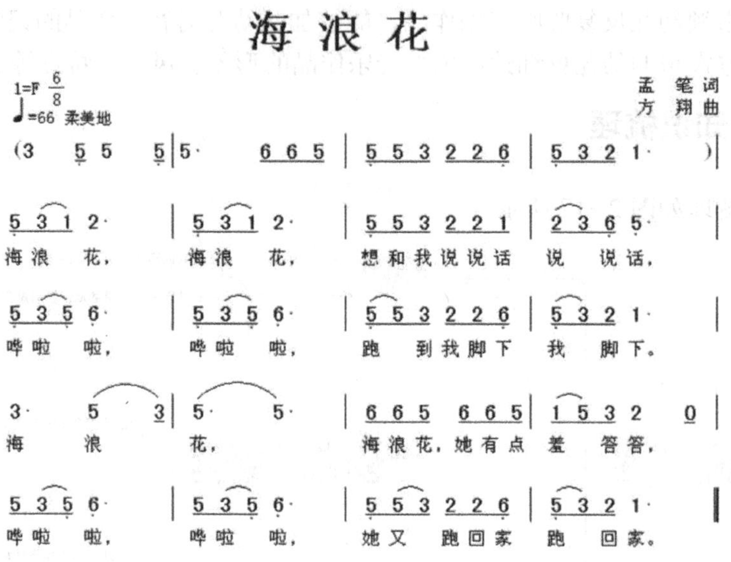海浪花
1=F 6/8
♩=66 柔美地
孟笔词
方翔曲
(3 5 5 5 | 5· 6 6 5 | 5 5 3 2 2 6 | 5 3 2 1·) |
5 3 1 2· | 5 3 1 2· | 5 5 3 2 2 1 | 2 3 6 5· |
海浪花，海浪花，想和我说说话 说说话，
5 3 5 6· | 5 3 5 6· | 5 5 3 2 2 6 | 5 3 2 1· |
哗啦啦，哗啦啦，跑到我脚下 我脚下。
3· 5 3 | 5· 5· | 6 6 5 6 6 5 | 1 5 3 2 0 |
海浪花，海浪花，她有点羞答答，
5 3 5 6· | 5 3 5 6· | 5 5 3 2 2 6 | 5 3 2 1· ‖
哗啦啦，哗啦啦，她又跑回家 跑回家。</td></tr>
<tr><td colspan="5">成果展示：
请结合幼儿园音乐欣赏活动的知识与技能相关内容，联系日常生活，谈一谈自己对谱例中的歌曲所表达内容的理解</td></tr>
<tr><td rowspan="2">音乐欣赏的知识与技能</td><td rowspan="2">自我评价</td><td>等级评价</td><td>非常满意</td><td>满意</td><td>不太满意</td></tr>
<tr><td>语言描述</td><td colspan="3"></td></tr>
<tr><td>幼儿园音乐欣赏活动的选材与教学方法</td><td colspan="5"> 四小天鹅舞曲
Vivace
柴科夫斯基曲</td></tr>
</table>

续 表

<table>
<tr><th>内容</th><th colspan="5">案例</th></tr>
<tr><td>幼儿园音乐欣赏活动的选材与教学方法</td><td colspan="5">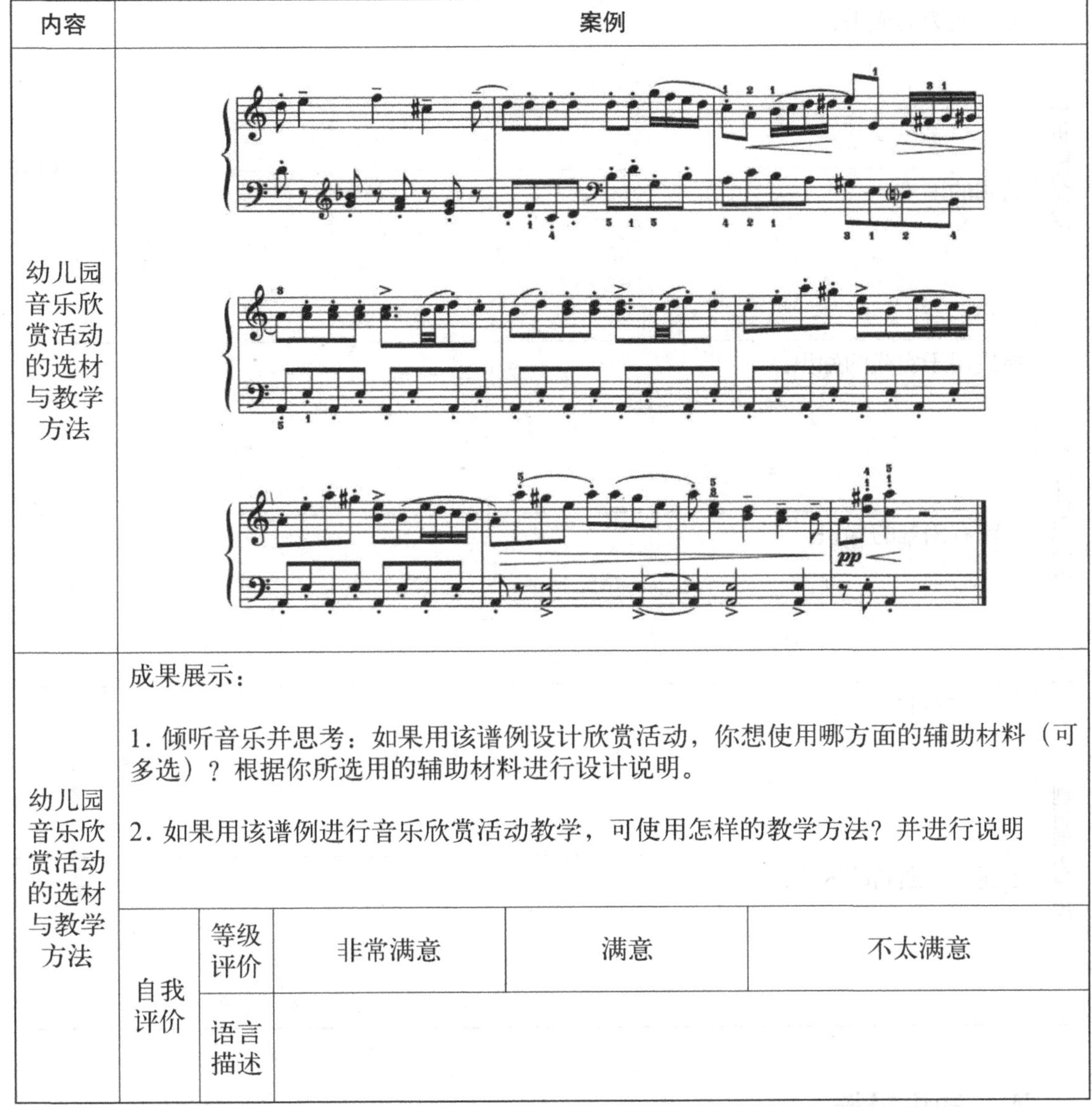
</td></tr>
<tr><td rowspan="3">幼儿园音乐欣赏活动的选材与教学方法</td><td colspan="5">成果展示：
1. 倾听音乐并思考：如果用该谱例设计欣赏活动，你想使用哪方面的辅助材料（可多选）？根据你所选用的辅助材料进行设计说明。
2. 如果用该谱例进行音乐欣赏活动教学，可使用怎样的教学方法？并进行说明</td></tr>
<tr><td rowspan="2">自我评价</td><td>等级评价</td><td>非常满意</td><td>满意</td><td>不太满意</td></tr>
<tr><td>语言描述</td><td colspan="3"></td></tr>
</table>

三、自我评价

自我评价见表 2–38。

表 2–38 自我评价

<table>
<tr><td rowspan="2">记忆能力成果</td><td>掌握的知识：</td></tr>
<tr><td>未掌握的知识：</td></tr>
</table>

续 表

<table>
<tr><td rowspan="2">分析能力成果</td><td>分析能力的成果：</td></tr>
<tr><td>遇到的困难：</td></tr>
<tr><td rowspan="2">实践能力成果</td><td>能应用于实践的知识：</td></tr>
<tr><td>实践有困难的知识：</td></tr>
<tr><td rowspan="2">创新能力成果</td><td>创新方面的成果：</td></tr>
<tr><td>创新方面遇到的困难：</td></tr>
</table>

四、知识链接

《幼儿园教育指导纲要（试行）》提出，艺术领域的目标是“能初步感受并喜爱环境、生活和艺术中的美；喜欢参加艺术活动，并能大胆地表现自己的情感和体验；能用自己喜欢的方式进行艺术表现活动”。还指出“艺术是实施美育的主要途径，应充分发挥艺术教育的情感教育功能，促进幼儿健全人格的形成”。

任务二　幼儿园音乐欣赏活动的实施

音乐欣赏活动的目标是带给幼儿美好音乐体验的同时，培养幼儿多方面的能力，进而实现通过音乐教育促进幼儿身心全面健康发展。

（1）观看视频，巩固音乐欣赏活动的设计要素与教学流程等相关内容。

（2）自主设计并实施音乐欣赏活动，发现并解决教学过程中存在的问题。

任务准备

下面是幼儿园音乐欣赏活动的案例及分析。

一、“同一能力”在相同年龄段的“多途径”教学活动

（一）案例展示

案例 1

【歌曲】

幸福拍手歌

〔日〕木村利人词
〔日〕有田怜曲
陈永莲译配

1=G $\frac{4}{4}$

5. 5 | 1. 1 1. 1 1. 1 7. 1 | 2 X X 5. 5 |
1. 如 果 感 到 幸 福 你 就 拍 拍 手，(拍 手) 如 果
2. 如 果 感 到 幸 福 你 就 跺 跺 脚，(跺 脚) 如 果
3. 如 果 感 到 幸 福 你 就 拍 拍 肩，(拍 肩) 如 果

2. 2 2. 2 2. 2 1. 2 | 3 X X 5. 5 | 3. 3 3. 3 3 2. 3 |
感 到 幸 福 你 就 拍 拍 手，(拍 手) 如 果 感 到 幸 福 就 快 快
感 到 幸 福 你 就 跺 跺 脚，(跺 脚) 如 果 感 到 幸 福 就 快 快
感 到 幸 福 你 就 拍 拍 肩，(拍 肩) 如 果 感 到 幸 福 就 快 快

4. 4 3. 2 1 7. 1 | 2 2. 1 7. 5 6. 7 | 1 X X ‖
拍 拍 手 哟，看 那 大 家 都 一 齐 拍 手。(拍 手)
跺 跺 脚 哟，看 那 大 家 都 一 齐 跺 脚。(跺 脚)
拍 拍 肩 哟，看 那 大 家 都 一 齐 拍 肩。(拍 肩)

【教案】

小班音乐欣赏活动《幸福拍手歌》

一、活动目标

(1) 情感目标：体验音乐欣赏活动的乐趣，尝试真诚地表达自己的情感。

(2) 认知目标：感受歌词内容和音乐结构。

(3) 能力目标：提高学习能力、肢体协调能力和创造性思维能力。

二、活动准备

经验准备：能够理解人在不同情境下所表现出的不同情绪。

物质准备：课件、空旷的教学场地。

三、活动过程

(一) 引导提问

师：孩子们，六一儿童节马上就要来临了，这是属于我们小朋友自己的节日，在这一天所有人都会为我们来送祝福，想象一下，你会有什么样的感受？（教师引导幼儿在教学场地围成一个圆席地而坐。）

师：今天我们就欣赏一首表达幸福和快乐的歌曲，我们一起来欣赏吧！边听边思考，歌曲中提到了哪些动作？

（教师跟随音乐用身体律动引导幼儿欣赏。）

(二) 完整欣赏歌曲

提示：教师引导幼儿回忆歌词内容。

师：孩子们，大家在这首歌曲中都感受到了几种动作呢？

师：让我们再来听一听，大家回答得是否正确？

教师引导幼儿划分歌词段落，并分段聆听。

师：最先提到的是什么动作？

师：第二次提到的是什么动作？

师：第三次提到的是什么动作？

师：我们从歌曲中听到，第一次出现的动作是拍手。有没有小朋友来为大家展示一下拍手的动作呀？

（提示：后面出现的动作以此类推。）

师：我们发现歌曲中共包含三段歌词，分别对应的是拍手、跺脚、拍肩的动作。

（鼓励幼儿大胆根据歌词内容创编动作。）

师：接下来让我们边听音乐，边做出这些动作来！

师：小朋友们，在庆祝儿童节那天，你想用什么样的动作表达自己开心的心情呢？

(三) 幼儿分组进行比赛，调动幼儿的积极性

提示1：教师创设情境，引发幼儿自主分组。

师：除了儿童节，我们还有很多令人倍感幸福的节日。比如新年，我们能收到压岁红包。再比如母亲节，我们感恩妈妈，可以为妈妈亲手制作礼物。你们更喜欢哪个节日呢？请选择自己喜欢的节日，自行分组，用肢体动作表达自己在该节日中的感受。

提示2：进行比赛，教师观察幼儿并注意安全问题。

师：准备好了吗？看看哪一组小朋友跳得棒！

提示3：两个小组互相学习对方表现幸福感受的动作。

（四）放松部分

师：小朋友们今天用最真挚的情感表现出自己在节日中的感受！现在让我们听听音乐放松一下吧。

四、活动延伸

（1）延伸到美工区，画一幅能够表现开心心情的图画。

（2）延伸到语言区，阅读一些关于中国节日的图书。

案例2

【歌曲】

母鸡叫咯咯

1 = ^{b}E　2/4　　　　德国民歌

轻快地

mp

3 3 3 3 | 3 5 5 | 2 4 4 | 3 5 5 |
母鸡 母鸡 叫咯 咯！ 叫咯 咯！ 叫咯 咯！

3 3 3 3 | 3 5 5 | 4 4 2 2 | 1 — |
母鸡 母鸡 叫咯 咯！ 鸡蛋 已生 落！

mf

2 4 4 4 | 3 6 5 3 | 2 4 4 4 | 3 6 5 |
脖子 伸伸 两翼 扑扑， 向人 报喜 添快 乐！

3 3 3 3 | 3 5 5 | 4 4 2 2 | 1 — ‖
母鸡 母鸡 叫咯 咯！ 鸡蛋 已生 落！

【教案】

小班音乐欣赏活动《母鸡叫咯咯》

一、活动目标

（1）情感目标：在活动过程中体验音乐欣赏活动的乐趣。

（2）认知目标：理解音乐所表达的内容，能够区分三种不同的音符时值。

（3）能力目标：通过学习增强幼儿对音色辨别的能力，能够准确打出三种不同时值的音符节奏，能够根据自己的理解表现音乐内容。

二、活动准备

（1）经验准备：能够辨别母鸡的叫声。

（2）物质准备：母鸡、鸡蛋等玩具道具。

三、活动过程

（一）模仿导入，引出主题

提示：教师模仿母鸡生蛋后“咯咯”的叫声，引出活动主题。

教师：“咯咯哒，咯咯哒，咯咯咯咯哒”，小朋友们，这是哪种动物的叫声？

幼儿回答，教师跟进。

教师：这是母鸡在告诉我们什么呢？

幼儿回答，教师依据幼儿的回答继续跟进。

教师：对啦，这是母鸡生蛋后高兴的叫声，母鸡叫咯咯，是在向人们报喜。今天我们就欣赏一首儿歌《母鸡叫咯咯》。

（二）完整聆听，初步感受

提示：教师引导小朋友注意倾听母鸡叫的节奏。

师：小朋友们，仔细听，听完请小朋友模仿母鸡是怎么叫的。

（三）分段聆听

提示：教师带领幼儿分段聆听，讲解示范音乐内容（节奏型、时值）。

师：我们一起来模仿母鸡下蛋！

按段落进行动作引导，按下图红色字体标注带幼儿做动作。（节奏型一致的部分参考已标注的字体。）

提示：通过动作帮助幼儿理解不同音符时值的长短。

师：当我们走路时表现的是八分音符，是半拍；蹲一下表现的是四分音符，是一拍；连续蹲两下表现的是二分音符，是两拍。

轻快地

mp

3 3	3 3	3 5	5	2 4	4	3 5	5	
母鸡	母鸡	叫咯	咯！	叫咯	咯！	叫咯	咯！	
走走	走走	走走	蹲	走走	蹲.	走走	蹲	
3 3	3 3	3 5	5	4 4	2 2	1	—	
母鸡	母鸡	叫咯	咯！	鸡蛋	已生	落！		
				走走	走走.	蹲	蹲	
mf 2 4	4 4	3 6	5 3	2 4	4 4	3 6	5	
脖子	伸伸	两翼	扑扑，	向人	报喜	添快	乐！	
3 3	3 3	3 5	5	4 4	2 2	1	—	‖
母鸡	母鸡	叫咯	咯！	鸡蛋	已生	落！		

（四）完整欣赏

师：小朋友们，让我们一起伴随着音乐再次表演母鸡生蛋吧！

（五）再次完整倾听，鼓励幼儿创编新内容

师：让我们思考一下，除了母鸡会生蛋，还有什么小动物会生蛋呢？

教师用幼儿心想出来的小动物替换歌词内容，并为幼儿进行新曲示范。

师：“嘎嘎嘎，嘎嘎嘎，嘎嘎嘎嘎嘎！”这是谁的声音？

幼儿回答，教师跟进。

师：这是母鸭在告诉我们什么呢？

幼儿回答，教师依据幼儿的回答继续跟进。

师：对啦，这是母鸭生蛋后高兴的叫声，让我们一起表演一下母鸭生蛋吧！

四、活动延伸

师：小朋友们今天表现真棒！让我们一起去手工区，为鸡妈妈、鸭妈妈等做一个漂亮的新蛋送给他们吧！

（二）案例分析

案例分析见表 2–39。

表 2–39　案例分析

项目		案例 1	案例 2	自己的观点
活动目标		歌词、结构	结构、时值、音色	
活动准备		理解情绪表达	了解母鸡的叫声	
活动过程	即时反应练习	引导提问	引导提问	
	基础内容练习	通过动作理解歌词内容，培养肢体协调能力	感受节奏，通过动作理解时值长短	
	创作活动	动作	歌词	
	开放性活动	创编歌词、动作	创编歌词、动作	
	放松活动	大致相同	大致相同	
活动延伸		大致相同	大致相同	

二、“同一能力”在不同年龄段的“进阶式”教学活动

（一）案例展示

案例 1

注：详见一、“同一能力”在相同年龄段的“多途径”教学活动案例 2《母鸡咯咯叫》。

案例 2

【歌曲】

粉刷匠

1= F　$\frac{2}{4}$　　　　波兰儿童歌曲

中速　欢快地

5 3 5 3 | 5 3 1 | 2 4 3 2 | 5 — | 5 3 5 3 | 5 3 1 | 2 4 3 2 | 1 — |

我是一个粉刷匠粉刷本领强，　我要把那新房子刷得很漂亮，

2 2 4 4 | 3 1 5 | 2 4 3 2 | 5 — | 5 3 5 3 | 5 3 1 | 2 4 3 2 1 — ‖

刷了房顶又刷墙刷子飞舞忙，　哎呀我的小鼻子变呀变了样。

【教案】

中班音乐欣赏活动《粉刷匠》

一、活动目标

（1）情感目标：在学习的过程中培养幼儿的肢体协调能力、思维能力；体会与他人合作的快乐，懂得劳动的辛苦并学会尊重他人的劳动成果。

（2）知识目标：熟悉歌曲旋律，理解歌词内容，区分音乐段落。

（3）技能目标：理解歌词内容，能够用不同的肢体动作表现不同段落的歌词内容。

二、活动准备

（1）经验准备：幼儿了解什么是劳动，并有过参与劳动的体验。

（2）物质准备：劳动所用的小道具若干（刷子、小桶、红黄两色小帽子等）。

三、活动过程

（一）故事导入，了解歌曲内容

师：我有一个非常棒的职业，是什么呢？让我们一起倾听音乐，从音乐中找答案。

（二）完整欣赏音乐，带着问题分段欣赏

师：小朋友们，你们说我厉不厉害呀？我可以干什么呢？（倾听第一段。）

师：我每天忙来忙去，都把自己忙得脏兮兮的，你们听，我把哪里弄脏了呢？（倾听第二段。）

（三）创编动作，用不同的动作表现不同的段落

师：粉刷匠每天的工作可真是多呢！劳动可真不易呀！请小朋友们一起帮我粉刷房子吧！（分发道具。）

师：开始工作前，先为自己鼓鼓气！（跟随老师齐唱前两句内容。）我们做自我介绍时用什么动作表现自己呢？用什么动作表现自己本领强呢？我们把房子刷漂亮怎么表现呢？

师：有了大家的帮忙，真轻松！和大家一起劳动真开心！看看你们的小鼻子也都变脏了呢！我们怎么表现鼻子脏了呢？

（四）完整欣赏

师：让我们一起跟随音乐开始做动作吧！让我们一起把房子粉刷得更漂亮！

师：我们一起忙碌完看看自己的劳动成果也不觉得累了，让我们给自己点个赞！

（五）再次完整欣赏

提示1：教师创设情境，引发幼儿自主分组。

师：大家请找到和自己帽子颜色相同的伙伴并组成一组。让我们看看两个小组哪个小组更厉害！（播放音乐鼓励幼儿大胆表现自己。）

提示2：进行比赛，教师观察幼儿并注意安全问题。

师：准备好了吗！看看哪一组小朋友跳得棒！

提示3：公布结果，照顾失败组的情绪，点名劳动之不易，要尊重劳动成果。

四、活动延伸

师：让我们一起去美工区，把我们今天劳动时的场景画出来，记录自己的辛勤付出！

案例 3

【歌曲】

【教案】

大班音乐欣赏活动《四小天鹅舞曲》

一、活动目标

(1) 情感目标：感受乐曲轻松诙谐的氛围，培养幼儿的思维能力、想象力，体验与他人共同合作的快乐，萌发对音乐的热爱之情。

(2) 知识目标：能够区分音乐段落，了解跳音的特点。

(3) 能力目标：根据自己对音乐的理解，用不同的表现形式区分音乐段落，能用形象的肢体动作表现跳音。

二、活动准备

(1) 经验准备：能够模仿简单的芭蕾舞动作。

(2) 物质准备：小天鹅头饰若干。

三、活动过程

(一) 视频导入，了解音乐内容

师：小朋友们，看大屏幕里是谁在欢乐地舞蹈呀？

师：他们跳的是什么舞蹈？大家从音乐和舞蹈中感受到了什么样的情绪？

(二) 完整欣赏音乐，再带着问题分段欣赏

师：小朋友们，让我们边听音乐边数一数这首小曲子一共有多少个小节呢？（教师完整范奏／播放音频。）

师：我们仔细听一听，共有 2 ～ 5 小节，这段内容在后面的音乐中有没有再次出现呢？具体出现在哪几个小节当中？

师：真棒！我们找到了两个非常相似的音乐段落，再仔细听一听，中间的段落和这两个相似的段落一样吗？那这首小曲子一共可以分为几段呢？结合视频内容一起思考，它们所表现的音乐情绪是否有不同？

(三) 创编动作，用不同的动作表现不同的音乐段落

师：大家再看一看这首小曲子的谱子，我们看到每一个音符上面都有一个小圆点，这个叫跳音记号，带有这种跳音记号的音符，在演奏时时值会缩短一半，因此大家听起来曲子中的音的音响效果比较短促。大家思考一下我们可以用什么动作表示像带跳音记号的音的演奏效果呢？

提示：教师带领幼儿用不同的动作表示不同段落的音乐内容，用相同的动作表示相似段落的音乐内容。

师：让我们也来模仿一下视频中的舞蹈动作吧！请大家回忆，这首小曲子共分三段，其中第一段和最后一段一样，我们用一样的动作来表示，中间的段落有变化，有没有小朋友想到用什么不同的动作来表示呢？

师：这位小朋友真棒！提供了新动作，让我们一起学一学！

(四) 完整欣赏音乐

提示：教师可适当给予提示并鼓励幼儿大胆表现自己。

师：大家真厉害呀！除了用肢体动作来表现这首音乐，小朋友们有没有想到用其他方式表现不同的音乐段落呢？

(五) 再次完整欣赏

师：小朋友们可真棒！让我们跟随音乐表演再次完整地欣赏这首小曲子吧！

四、活动延伸

师：让我们一起去手工区制作一只美丽的小天鹅吧！

（二）案例分析

案例分析见表 2–40。

表 2–40　案例分析

项目		案例 1	案例 2	案例 3	自己的观点
活动目标		掌握结构、时值、音色	熟悉旋律，理解歌词，掌握结构	掌握结构、跳音	
活动准备		了解母鸡的叫声	劳动体验	能模仿简单的芭蕾动作	
活动过程	即时反应练习	引导提问	故事导入	视频导入	
	基础内容练习	感受节奏，通过动作理解时值长短	通过动作帮助理解音乐结构	通过动作帮助理解音乐结构	
	创作活动	歌词	动作	动作	
	开放性活动	创编歌词、动作	分小组比赛	形式不限	
	放松活动	无	无	无	
活动延伸		大致相同	大致相同	大致相同	

执行任务

一、执行流程

执行流程如图 2–19 所示。

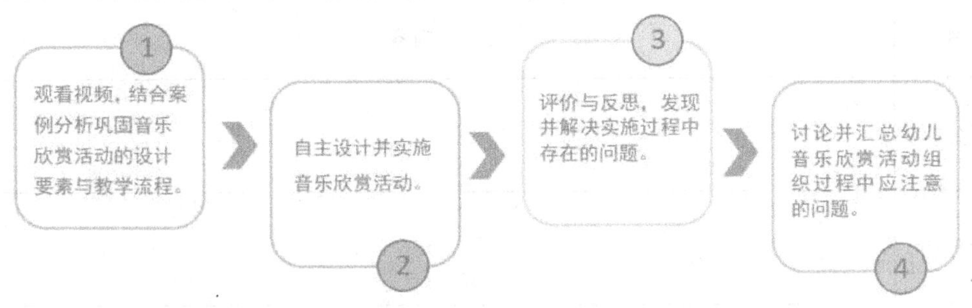

图 2–19　执行流程

二、执行效果

请针对下面的歌曲对内容、学情、目标、策略进行分析，并进行教案撰写和试讲评价与反思，见表 2–41。

小鸭子

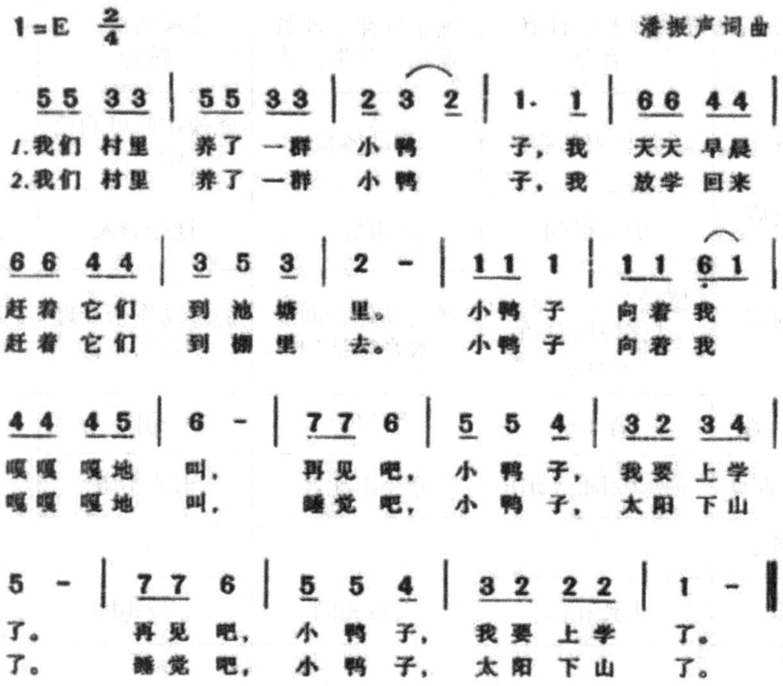

1=E 2/4　　　　潘振声词曲

55 33 | 55 33 | 2 3 2 | 1· 1 | 66 44 |
1.我们 村里 养了 一群 小 鸭 子，我 天天 早晨
2.我们 村里 养了 一群 小 鸭 子，我 放学 回来

6 6 4 4 | 3 5 3 | 2 – | 1 1 1 | 1 1 6 1 |
赶着 它们 到 池 塘 里。 小鸭 子 向着 我
赶着 它们 到 棚 里 去。 小鸭 子 向着 我

4 4 4 5 | 6 – | 7 7 6 | 5 5 4 | 3 2 3 4 |
嘎嘎 嘎地 叫， 再见 吧， 小 鸭 子， 我要 上学
嘎嘎 嘎地 叫， 睡觉 吧， 小 鸭 子， 太阳 下山

5 – | 7 7 6 | 5 5 4 | 3 2 2 2 | 1 – ‖
了。 再见 吧， 小 鸭 子， 我要 上学 了。
了。 睡觉 吧， 小 鸭 子， 太阳 下山 了。

表 2–41　执行效果评价

项目	内容
内容分析	
学情分析	
目标分析	
策略分析	

续　表

项目	内容
教案撰写	
试讲评价与反思	

三、自我评价

自我评价表见表 2-42。

表 2-42　自我评价表

记忆能力成果	掌握的知识：
	未掌握的知识：
分析能力成果	分析能力的成果：
	遇到的困难：

续 表

<table>
<tr><td rowspan="2">实践能力成果</td><td>能应用于实践的知识：</td></tr>
<tr><td>实践有困难的知识：</td></tr>
<tr><td rowspan="2">创新能力成果</td><td>创新方面的成果：</td></tr>
<tr><td>创新方面遇到的困难：</td></tr>
</table>

四、知识链接

与前述的歌唱活动、韵律活动和打击乐器演奏活动相比，音乐欣赏是一种很不相同的活动。前三种活动主要偏向由内向外的表达，后一种偏向由外向内的感知和体验。因此，我们所说的音乐欣赏活动，应该是以欣赏、享受，以及理解、认识音乐作品为主的教育活动。音乐欣赏活动大致可划分成自发、区角、集体生成、集体预成四种控制结构状态，下面一一分析。

（1）自发活动中幼儿的音乐欣赏一般有三种状态：一种是主动要求成人反复播放或表演他们喜欢的歌曲或器乐曲；另一种是即兴哼唱突然想起来的某些音乐或音乐片段；第三种是周围环境中出现启发欣赏的音乐时，幼儿自发的聆听状态。因为第三种状态中，幼儿的这种聆听行为不太容易被教师观察到，所以，下面就不专门讨论这种状态。

其实，新生儿就已经能自己发起聆听游戏了，只是由于聆听式的自发音乐欣赏活动不容易被观察到。目前成人对幼儿聆听活动的干预方式主要有两种：第一，为幼儿创造聆听音乐的条件；第二，提供有趣的外部可见活动，引导幼儿学习如何从音乐中获得认识和快乐。

（2）区角活动中一般可以放置一些相对固定的材料，如音响录放设备、乐器、表演用的道具，制作乐器道具的材料或废旧材料，模拟表演游戏用的节目单，提示歌词用的图谱，等等。通过录放设备，幼儿可以选择播放自己喜欢的音乐。当然，教师选择的音乐，通过反复播放，也能够使幼儿逐步从熟悉到喜爱。

如果教师认为需要提供更多的方向性引导，还可以通过做模拟表演游戏用的节目单或按顺序录制的歌曲序列，以此帮助幼儿复习已经学习过的音乐和介绍将要教授的新音乐。

特别需要注意的问题是：成人学习也是需要解决注意持久、注意分配问题的。幼儿注意持久和注意分配的能力发展水平比成人低，所以在音乐舞蹈欣赏活动中，教师一定要注意与表演活动区别，即歌唱、律动、奏乐在这里仅仅是一种探索音乐的工具，相关技能的要求应该不超过幼儿能够熟练反应的现有水平。只有这样，幼儿才能够有足够的精力，应用已经掌握的技能去探究新的音乐，并享受探究新音乐的快乐。

（3）集体生成活动中，教师可以邀请幼儿提出他们希望复习或进一步学习的音乐舞蹈作品，也可以由教师从其他活动中引发出来。如近期广播、电视或其他大众传播渠道传播的歌曲，如果幼儿喜欢，教师也认为适合幼儿学习，就可以直接拿来进行集体学习；如果教师认为有些部分不适合幼儿学习，也可以进行改编。对于年龄稍大的幼儿，教师可以邀请他们提出更多的改编意见，包括增加更多、更复杂、更具综合性的表演形式。

(4) 集体预成活动，指由教师选择音乐，选择方法程序进行预先设计的欣赏教学活动。现在，一般教师还应知道，设计教学活动一方面需要用各种有趣的方法去吸引幼儿反复练习，另一方面也需要尽可能给幼儿留出创造性反应的空间。

项目五　幼儿园音乐教育活动的整合与渗透

<table>
<tr><th>项目介绍</th></tr>
<tr><td>幼儿的世界是一个统一的世界，他们始终把音乐与日常生活联系在一起，他们自发地唱歌跳舞，以一种自然的、具有创造性与融合性的方式表现其独特性和心理认知，是各领域教育成果的综合体现。
本项目主要对幼儿园音乐领域与其他领域内容整合的策略进行研究，借助其他领域的内容加深幼儿对音乐领域内容的理解与认知，同时，将音乐领域内容科学地渗透到幼儿的生活中，使之丰富有趣，从而实现以音乐的手段隐性地实施教育。

</td></tr>
<tr><th>项目需求</th></tr>
<tr><td>1. 具有幼儿园各领域相关知识。
2. 具备幼儿园音乐活动教学设计的能力。
3. 懂得幼儿园主题活动、区域活动、一日生活的特点与要求。
4. 懂得幼儿园与家庭合作的意义与方式。</td></tr>
<tr><th>预期效果</th></tr>
<tr><td>1. 认识到整合教学实施的意义。
2. 能够找到各学科之间的同一性和差异性，实现多形式、多角度的互补性、整合性整合教学。
3. 认识到音乐活动在幼儿园一日生活中的价值，并能够以多种形式渗透到一日生活中。
4. 在探究学科整合的过程中，提高分析能力和资源整合的能力。</td></tr>
</table>

任务一　幼儿园音乐教育活动的整合

幼儿园教育活动具有整合性特点，各学科元素之间相互融合，同时，幼儿园教育活动具有趣味性，通过借鉴其他学科的活动和实践来丰富音乐活动，激发幼儿对音乐的兴趣和热情，从而提高幼儿的学习效果，加深幼儿对音乐知识的理解。需要注意的是，非音乐活动的融入可能会削弱音乐元素的学习，这就要求幼儿园教师抓住音乐教育这一核心，只是活动和工具借用了其他领域的内容，而并非以它们的活动目标为最终目标。

任务描述

（1）课前通过视频学习了解幼儿园音乐教育活动整合设计与实施的意义，明确整合的可能性。

（2）整理课前预习过程中的问题，待课上讨论解决。

（3）课中以案例的形式对整合设计进行分析，并由学生尝试整合设计与实施。

（4）学生自我反思与评价。

任务准备

一、幼儿园音乐领域各教育内容的整合

单纯的歌唱或节奏打击等训练，容易快速消磨幼儿对音乐活动的兴趣，甚至产生抵触情绪，然而音乐活动丰富多彩，应是幼儿感受美、表现美的必要形式，是幼儿体验生活乐趣的重要途径，所以要整合音乐教育中歌唱活动、打击乐活动、韵律活动等不同形式的活动内容，使幼儿对音乐保持积极的态度，促进幼儿园音乐教育活动有效进行。表 2–43 为幼儿园音乐领域能力的培养。

表 2–43　幼儿园音乐领域能力的培养

能力培养		举例			
		歌唱活动	韵律活动	打击乐活动	音乐欣赏活动
音乐能力	节拍感与节奏感	音节歌唱游戏	身体节奏动作组合	固定节奏或节奏组合打击	聆听节拍感或节奏感较强的乐曲
	旋律感与音高感	移调歌唱、唱旋律唱名、默唱	通过动觉感知形成旋律感	多声部打击乐演奏活动	聆听旋律走向明显或多种伴奏音型的乐曲
	结构感	对唱、接唱、分句默唱、节奏插句	依据乐句或乐段设计律动模仿组合	根据结构增加或减少配器	选用结构划分较明显的乐曲
	音色感	用不同的音色表现歌曲形象	身体节奏动作组合，打击不同部位感受不同的音色	体会不同打击乐器的音色，利用其音色表现不同的音响效果	感受不同乐器的音色体现出的不同音乐情绪或音乐形象

续 表

能力培养		举例			
		歌唱活动	韵律活动	打击乐活动	音乐欣赏活动
音乐能力	速度感与力度感	选择速度和力度有明显对比的歌曲	声势；变化动作节奏与速度	利用乐器的音响效果、音色配器	选择速度和力度有明显对比的乐曲
交往与合作能力		对唱、接唱、齐唱	集体舞	集体参与的打击乐演奏活动	聆听合唱或合奏乐曲
创造能力		歌词、表演动作创编	根据乐曲主题或旋律感创编动作	打击乐器的制作、伴奏乐器的使用	改编旋律和伴奏音型，表现不同的旋律色彩

分析上面表格我们发现，同一种能力可以通过多种音乐教育活动形式来培养，那么同一个目标也可以通过各种内容的整合来达成，这种整合的教学活动不仅弥补了某一活动的相对短板，更避免了单一活动的枯燥对幼儿学习兴趣的打击，起到事半功倍的效果。

在整合音乐活动时，幼儿教师需根据教学目标、学生的能力发展、学科特点和教学设计要求，准确找到切入点。比如，由歌唱开始的打击乐活动，见表 2–44。

表 2–44　由歌曲开始的打击乐活动

案例	分析
【歌曲】 郊游 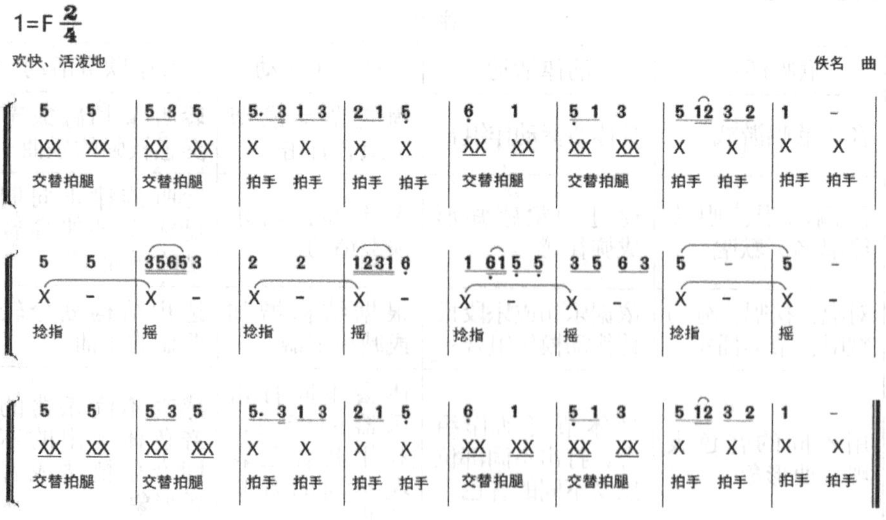 1=F $\frac{2}{4}$ 欢快、活泼地　　佚名 曲 5 5 | 5 3 5 | 5. 3 1 3 | 2 1 5 | 6 1 | 5 1 3 | 5 12 3 2 | 1 – | XX XX | XX XX | X X | X X | XX XX | XX XX | X X | X X | 交替拍腿 | 交替拍腿 | 拍手 拍手 | 拍手 拍手 | 交替拍腿 | 交替拍腿 | 拍手 拍手 | 拍手 拍手 | 5 5 | 35653 | 2 2 | 12316 | 1 615 5 | 3 5 6 3 | 5 – | 5 – | X – | X – | X – | X – | X – | X – | X – | X – | 捻指 | 摇 | 捻指 | 摇 | 捻指 | 摇 | 捻指 | 摇 | 5 5 | 5 3 5 | 5. 3 1 3 | 2 1 5 | 6 1 | 5 1 3 | 5 12 3 2 | 1 – ‖ XX XX | XX XX | X X | X X | XX XX | XX XX | X X | X X ‖ 交替拍腿 | 交替拍腿 | 拍手 拍手 | 拍手 拍手 | 交替拍腿 | 交替拍腿 | 拍手 拍手 | 拍手 拍手 ‖	

续　表

案例	分析
配器建议： 左右拍腿——双响筒（低音筒、高音筒轮流演奏）； 拍手——单响短音类乐器； 捻指——长音类乐器； 摇——散响类乐器	
【教案】 **大班打击乐活动《郊游》** 一、活动目标 （1）情感目标：感受和体验郊游的愉快情绪。 （2）认知目标：通过聆听不同乐器的演奏效果，感知乐曲的结构特点。 （3）能力目标：能够用打击乐演奏出随乐动作的节奏型。 二、活动准备 （1）经验准备：幼儿具有郊游的生活体验。 （2）物质准备：双响筒及其他短音类乐器若干、长音类和散响类乐器若干。 三、活动过程 （一）教师表演唱《郊游》，导入活动内容 教师伴随着《郊游》的音乐表演唱，并提问：小朋友们，你们喜欢老师的表演吗？ 师：老师想邀请小朋友们跟着老师一起随音乐拍拍手，为老师伴奏好不好？ （二）教师演唱歌曲，引导幼儿初步感受音乐，并学习身体动作组合 （1）教师有感情地范唱歌曲的第一段，幼儿跟随教师一起以小节为单位双手拍腿。 （2）教师带领幼儿按照节拍特点逐渐加入其他动作。 ①第 3、4、7、8、19、20、23、24 小节加入拍手动作。 ②第 9、11、13、15 小节加入捻指和摇手动作。 ③教师将动作与情绪联系起来，引出新的动作。 师：小朋友们你们看老师哪种表现更开心？ 教师分别做一拍一踏步和半拍一踏步，表现出沉重和欢快的情绪，引导幼儿体验节奏带来的音乐情感差异，从而引出左右交替拍腿的动作。 （3）跟随音乐，师生一起做动作组合。 （三）教师引导幼儿将动作组合转换成乐器演奏 ①将幼儿分组，分别做交替拍腿、拍手、捻指和摇手的动作。 ②教师演唱歌曲，带领幼儿分组练习。 ③合作完成歌曲的身体打击伴奏，教师提醒幼儿聆听其他伴奏声音。 ④教师带领幼儿分组用乐器伴奏。 ⑤教师指挥，幼儿随音乐集体演奏。 （四）教师引导幼儿进行创编活动。 （1）根据乐器的音色特点，改变配器方案。 （2）根据乐曲改变打击的节奏型。 四、活动延伸 师：感谢小朋友们为老师伴奏，老师希望儿童节的时候能够邀请大家上台表演，一起展示我们的风采	

二、幼儿园音乐教育活动与其他领域内容的整合

音乐教育并不是孤立的，它的教育元素来自幼儿的生活，而幼儿对音乐的理解也应是借助其已有的经验。也就是说，幼儿园音乐教育活动与其他领域内容存在交叉和联系，我们将幼儿已获得的碎片化信息和经验加以整理和贯通，综合各领域关系，协调各种教育手段，帮助幼儿逐渐形成“融合式”“网状式”思维，使幼儿能够自主地借助各领域内容积累音乐经验。表 2–45 为幼儿园音乐教育活动与其他领域内容的整合。

表 2–45　幼儿园音乐教育活动与其他领域内容的整合

其他领域	整合	举例
美术	1. 配合图画、色彩与线条的搭配领悟音乐元素的内涵。 2. 借助图画、色彩与线条，帮助幼儿领悟音乐作品的思想感情。 3. 音乐元素运用于美术教育的色彩情感性教学	1. 用颜色表示强弱。 2. 用线条表示旋律感和音高感。 3. 用图片或视频动画描述歌词内容或故事中的形象
语言	1. 运用语言提示音乐作品的内在情感。 2. 运用语言辅助幼儿对音乐节奏的感知和记忆。 3. 运用语言辅助幼儿的自我表达。 4. 在音乐活动中，带领幼儿认识、感受音高、强弱、快慢、音色这些表情因素，有利于提高幼儿的口语表达能力	1. 教师以不同形式的语言内容帮助幼儿理解、感知作品情感。比如教师讲述小马过河的故事，帮助幼儿理解歌曲《小马过河》的歌词，理解歌词的内涵。 2. 借助节奏朗诵，使幼儿体会到节拍感与节奏感。 3. 幼儿自发地变化节拍或节奏对歌词进行节奏朗诵
健康	1. 结合幼儿体育活动内容设计幼儿音乐活动或音乐游戏。 2. 通过音乐活动，促进幼儿身心健康发展和多元智能开发	1. 运用走、跑、跳，体会音乐的速度和旋律色彩。 2. 结合幼儿基本体操的动作设计幼儿身体动作组合或表演动作。 3. 在韵律活动中，使幼儿的肌肉力量得到锻炼，最终能够完成精细的动作
社会	1. 幼儿音乐教育目标和材料取决于幼儿的社会性因素。 2. 音乐可辅助幼儿控制情绪。 3. 音乐可为幼儿提供交往的机会。	1. 歌唱活动中，选用幼儿已有的社会经验导入歌曲材料，如幼儿集体游戏、歌词创编等。 2. 运用音乐绘本、音乐治疗等形式缓解幼儿的负面情绪。 3. 以邀请舞的形式展开音乐活动，打破幼儿之间的隔阂，使幼儿体验到交往的乐趣
科学	1. 在探索、调查、发现问题、解决问题的过程中整合。 2. 利用音乐元素辅助培养幼儿逻辑思维	1. 制作乐器：教师提供水桶、木棒、塑料瓶、石子等材料，引导幼儿根据材料的音色和幼儿已经具备的科学知识进行探索，制作成乐器并演奏。 2. 利用雨声筒、海洋鼓等乐器导入课程，带领幼儿探索自然科学

表 2–46 为韵律活动与其他领域内容的整合。

表 2–46　韵律活动与其他领域内容的整合

<table>
<tr><th>案例</th><th>分析</th></tr>
<tr><td>小班韵律活动《大家都来跳》
一、活动目标
（1）情感目标：感受视觉、听觉、动觉和嗓音协调一致带来的快感。
（2）认知目标：理解稳定拍感，知晓点数的正确顺序和规律。
（3）能力目标：借助音乐节拍的约束，提高幼儿的自控能力。
二、活动准备
（1）物质准备：纸杯。
（2）经验准备：幼儿具有接龙游戏的经验。
三、活动过程
（一）教师随音乐摆纸杯，导入活动内容
教师跟随音乐有节奏地拿起、摆放纸杯，并跟音乐节拍数数。
（二）带领幼儿找到稳定的拍感
1. 点的准备——稳定的动作训练
（1）乐曲前奏部分，教师先给出拍手的速度。说“开始”后，幼儿跟随教师的手势和速度进行拍手。
（2）播放音乐，跟随音乐的节拍，幼儿在教师的引导下拍手。
（3）幼儿跟随音乐的节拍拍手，教师仅做适时提示。
（4）教师退出，激励幼儿当老师，由幼儿来引导大家跟随音乐节拍准确地拍手，进一步提升幼儿的兴趣和自我控制能力。
2. 数的准备——稳定“点”的动作
（1）播放音乐，幼儿和教师玩接龙游戏，教师做一遍，幼儿跟做一遍。教师跟随音乐的节拍点指杯子，幼儿接龙模仿。
（2）幼儿跟随音乐的节拍点指杯子，教师仅做适时提示。
（3）教师退出，激励幼儿当老师，由幼儿来引导大家跟随音乐的节拍点指杯子。
（三）点数活动——手眼口一致
（1）播放音乐，幼儿和教师玩接龙游戏，教师做一遍，幼儿跟做一遍。
教师跟随音乐的节拍点指杯子，配合手口一致数 1、2、3……，幼儿接龙模仿。
（2）幼儿与教师一起跟随音乐的节拍点指杯子，口数 1、2、3……
（3）幼儿跟随音乐的节拍进行点数，教师仅做适时提示
（4）教师退出，激励幼儿当老师，由幼儿来引导大家跟随音乐的节拍点数杯子。
四、游戏升级——挑战练习
（1）撤掉音乐，教师用拍手来提示幼儿点数的速度，引导幼儿在自我抑制的情况下，稳定点数。
（2）重复点数活动，但教师随机停下来，让幼儿回答停在了第几个杯子上。
（3）提示幼儿按照教师的要求，停在任意的杯子上，如在数到 4 的杯子上停住，然后再从头来或继续数。
（5）教师退出游戏，由幼儿发出指令让大家停在任意的杯子上。
（6）教师说任意数，让幼儿摆出教师要求数量的杯子，互相交换查看，共享经验。
四、活动延伸
请幼儿回家后数一数家里有几口人</td><td></td></tr>
</table>

三、知识梳理

知识梳理如图 2–20 所示。

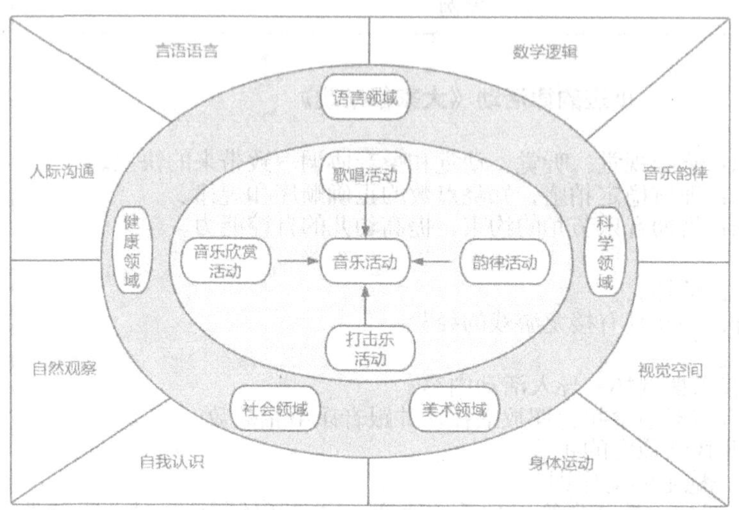

图 2–20 知识梳理

执行任务

一、执行流程

执行流程如图 2–21 所示。

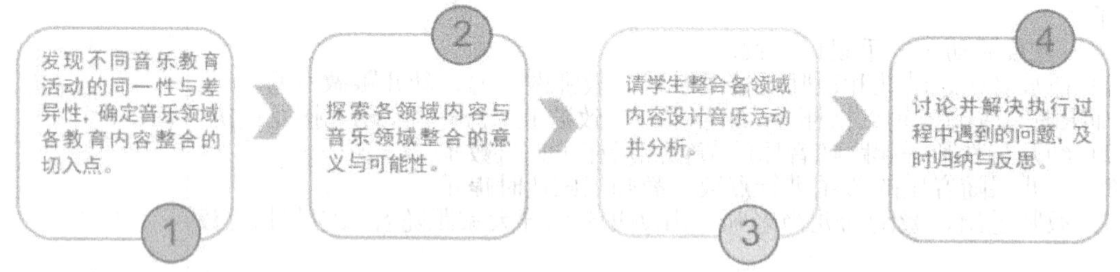

图 2–21 执行流程

二、执行效果

执行效果评价见表 2–47。

表 2–47 执行效果评价

<table>
<tr><th>内容</th><th colspan="5">案例</th></tr>
<tr><td rowspan="5">幼儿园音乐领域各教育内容的整合</td><td colspan="5">请结合幼儿园音乐领域活动内容，整合设计中班打击乐活动《木瓜恰恰恰》</td></tr>
<tr><td colspan="5">成果展示：<table><tr><th colspan="2">活动设计思路</th><th>整合内容分析</th></tr><tr><td>活动导入</td><td></td><td></td></tr><tr><td>活动过程</td><td></td><td></td></tr><tr><td>活动结束</td><td></td><td></td></tr><tr><td>活动延伸</td><td></td><td></td></tr></table></td></tr>
<tr><td rowspan="2">自我评价</td><td>等级评价</td><td>非常满意</td><td>满意</td><td>不太满意</td></tr>
<tr><td>语言描述</td><td colspan="3"></td></tr>
<tr><td colspan="5"></td></tr>
<tr><td rowspan="2">幼儿园音乐教育活动与其他领域内容的整合</td><td colspan="5">请结合幼儿园各领域活动内容，整合设计大班音乐欣赏活动《三只小猪》</td></tr>
<tr><td colspan="5">成果展示：<table><tr><th colspan="2">活动设计思路</th><th>整合内容分析</th></tr><tr><td>活动导入</td><td></td><td></td></tr><tr><td>活动过程</td><td></td><td></td></tr><tr><td>活动结束</td><td></td><td></td></tr><tr><td>活动延伸</td><td></td><td></td></tr></table></td></tr>
</table>

续 表

<table>
<tr><td>内容</td><td colspan="5">案例</td></tr>
<tr><td rowspan="2">幼儿园音乐教育活动与其他领域内容的整合</td><td rowspan="2">自我评价</td><td>等级评价</td><td>非常满意</td><td>满意</td><td>不太满意</td></tr>
<tr><td>语言描述</td><td colspan="3"></td></tr>
</table>

三、自我评价

自我评价见表 2–48。

表 2–48 自我评价

记忆能力成果	掌握的知识：
	未掌握的知识：
分析能力成果	分析能力的成果：
	遇到的困难：
实践能力成果	能应用于实践的知识：
	实践有困难的知识：
创新能力成果	创新方面的成果：
	创新方面遇到的困难：

四、知识链接

多元智能理论对智力的定义和认识与传统的智力观是不同的。教育心理学家加德纳认为，智力是在某种社会和文化环境的价值标准下，个体用以解决自己遇到的真正难题或生产及创造出某种产品所需要的能力。智力不是一种能力而是一组能力，智力不是以整合的方式存在而是以相互独立的方式存在的。多元智能中的各种智能有以下八种。

（1）言语语言智能，指人对语言的掌握和灵活运用的能力，表现为用词语思考，用语言和词语的多种不同方式来表达复杂意义。

（2）数理逻辑智能，指人对逻辑结果关系的理解能力，突出特征为用逻辑方法解决问题，有对数字和抽象模式的理解力，认识解决问题的应用推理。

（3）视觉空间智能，指人对色彩、形状空间位置的正确感受和表达能力，突出特征为对视觉世界有准确的感知，产生思维图像，有三维空间的思维能力，能辨别感知空间物体之间的联系。

（4）音乐韵律智能，指人辨别、记忆、表达音乐的能力，突出特征为对环境中的非言语声音敏感。

（5）身体运动智能，指人的身体的协调、平衡能力，突出特征为利用身体交流和解决问题。

（6）人际沟通智能，指对他人的表情、说话、手势动作的敏感程度以及对此做出有效反应的能力，表现为个人能觉察体验他人的情绪情感并做出适当的反应。

（7）自我认识智能，指个体认识、洞察和反省自身的能力，突出特征为对自己的感觉和情绪敏感，了解自己的优缺点，用自己的知识来引导决策，设定目标。

（8）自然观察智能，指的是观察自然的各种形态对物体进行辨认和分类、能够洞察自然或人造系统的能力。

任务二　幼儿园音乐教育的多渠道渗透

音乐教育活动实施的目的是使参与音乐教育过程的所有教师和幼儿在音乐实践过程中获得发展。幼儿园教师组织、营造一个良好的音乐环境，提供一系列丰富且形式多样的音乐活动，不仅能够充分地满足幼儿的兴趣和需要，也会促进幼儿其他领域的学习，为幼儿的全面发展提供更多机会。

任务描述

（1）课前通过视频学习了解幼儿园音乐教育渗透渠道和手段。

（2）整理各教育活动的特点，发现与音乐教育活动的互补性。

（3）探索音乐教育渗透的形式与方法，设计多渠道渗透的方案。

（4）分享音乐教育渗透的思路与方案，并互评。

（5）完成自我反思与评价。

任务准备

所谓渗透的音乐教育活动，是指除专门的音乐教育活动以外，随机、灵活地渗透在儿童一日生活及其他教育活动之中的丰富而多样的、“隐性”的音乐教育活动，见表 2–49。

表 2–49　幼儿园音乐教育的多渠道渗透

渠道	理解	渗透方式
主题活动	以贴近幼儿生活的某一内容为主题，围绕这一主题展开一系列具体的教育教学活动。它打破了学科领域之间的界限，将各方面知识和经验联系起来，使幼儿对活动主题获得一个较为完整的认识	主题背景下幼儿学习动机的表现形式往往是在主题内容与他们已有的知识经验结合的基础上产生的。 1. 挖掘主题中的音乐线索。 2. 音乐素材“生活化、游戏化”。 3. 用音乐元素创设主题活动情境
区域活动	教师依据教育目标和幼儿的兴趣，将活动空间划分为不同的区域，从而吸引幼儿自主选择，并在活动区中通过对材料的探索和与同伴的互动获得发展	区域活动最重要的就是探索和创造。设计支持幼儿自由选择、大胆操作、主动探索的环境，能更好地促进幼儿心智发展，让他们的心灵得到真正的满足。 1. 分析各区域可能蕴含的音乐教育价值。 2. 创设音乐环境，提供与音乐相关的素材
一日生活	广义的生活活动是指幼儿在幼儿园的一切活动，比如幼儿园每天进行的保育和专门的教育活动。狭义的生活活动是指幼儿在幼儿园一日生活中除了教学活动和游戏活动以外的一切日常生活，包括进餐、饮水、睡眠等	在日常生活中恰当地、不断地提供音乐刺激。 1. 巧用背景音乐，提升幼儿的音乐感受力。 2. 用音乐规范习惯

执行任务

一、执行流程

执行流程如图 2–22 所示。

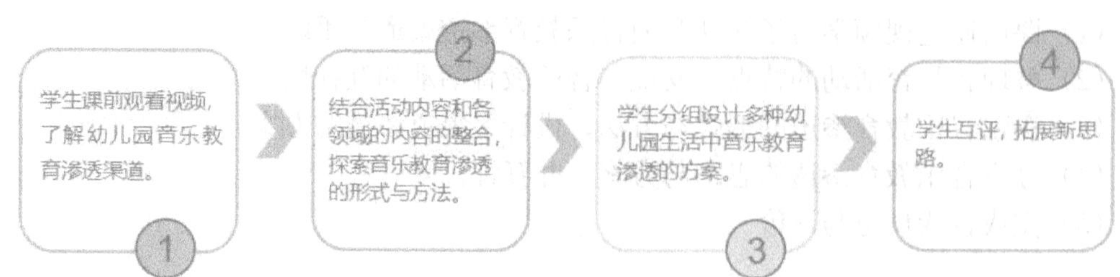

图 2–22　执行流程

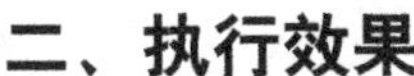

二、执行效果

执行效果评价见表 2–50。

表 2–50　执行效果评价

<table>
<tr><th>内容</th><th colspan="5">案例</th></tr>
<tr><td rowspan="5">主题活动中的音乐教育渗透</td><td colspan="5">请结合幼儿的认知能力发展，设计大班“神奇的小雨点”主题活动中音乐教育渗透的方案</td></tr>
<tr><td colspan="5">成果展示：
<table>
<tr><th>设计思路</th><th>分析</th></tr>
<tr><td>主题包括的学科领域</td><td></td></tr>
<tr><td>幼儿已具备的知识经验</td><td></td></tr>
<tr><td>可供整合的教育资源</td><td></td></tr>
<tr><td>音乐教育渗透形式</td><td></td></tr>
</table></td></tr>
<tr><td rowspan="2">自我评价</td><td>等级评价</td><td>非常满意</td><td>满意</td><td>不太满意</td></tr>
<tr><td>语言描述</td><td colspan="3"></td></tr>
<tr><td colspan="5"></td></tr>
<tr><td rowspan="2">一日活动中的音乐教育渗透</td><td colspan="5">在幼儿园的一日活动中，你还能想到哪些音乐教育渗透的方法？</td></tr>
<tr><td colspan="5">成果展示：
<table>
<tr><td>接待幼儿入园</td><td></td></tr>
<tr><td>早操</td><td></td></tr>
<tr><td>专门的教育活动</td><td></td></tr>
<tr><td>间隙活动</td><td></td></tr>
<tr><td>游戏或自由活动</td><td></td></tr>
<tr><td>盥洗</td><td></td></tr>
<tr><td>进餐</td><td></td></tr>
<tr><td>睡眠</td><td></td></tr>
<tr><td>劳动</td><td></td></tr>
<tr><td>其他活动</td><td></td></tr>
</table></td></tr>
</table>

续 表

<table>
<tr><td>内容</td><td colspan="5">案例</td></tr>
<tr><td rowspan="2">一日活动中的音乐教育渗透</td><td rowspan="2">自我评价</td><td>等级评价</td><td>非常满意</td><td>满意</td><td>不太满意</td></tr>
<tr><td>语言描述</td><td colspan="3"></td></tr>
</table>

三、自我评价

自我评价见表 2−51。

表 2−51　自我评价

<table>
<tr><td rowspan="2">记忆能力成果</td><td>掌握的知识：</td></tr>
<tr><td>未掌握的知识：</td></tr>
<tr><td rowspan="2">分析能力成果</td><td>分析能力的成果：</td></tr>
<tr><td>遇到的困难：</td></tr>
<tr><td rowspan="2">实践能力成果</td><td>能应用于实践的知识：</td></tr>
<tr><td>实践有困难的知识：</td></tr>
<tr><td rowspan="2">创新能力成果</td><td>创新方面的成果：</td></tr>
<tr><td>创新方面遇到的困难：</td></tr>
</table>

四、知识链接

- 《幼儿园渗透式领域课程》系列丛书。
- 《幼儿园活动整合课程》系列丛书。

参考文献

[1] 许卓娅．学前儿童音乐教育［M］．北京：人民教育出版社，1996．
[2] 曹理．普通学校音乐教育学［M］．上海：上海教育出版社，1993．
[3] 李璞珉．心理学与艺术［M］．北京：首都师范大学出版社，1996．
[4] 李妲娜．世界音乐教育集萃［M］．桂林：漓江出版社，1991．
[5] 杨立梅．柯达伊音乐教育思想与实践：音乐基础教育的原则与方法［M］．北京：中国人民大学出版社，1994．
[6] 程英．学前儿童艺术教育与活动指导［M］．上海：华东师范大学出版社，2015．

附录1　音乐教育体系简介

一、达尔克罗兹音乐教育体系

埃米尔·雅克·达尔克罗兹是瑞士著名的作曲家、音乐教育家。1892，达尔克罗兹从巴黎音乐学院毕业后回国，进入日内瓦音乐学院教授音乐史、和声、高级视唱练耳等课程，同时从事音乐创作活动。1894年，达尔罗兹出版了视唱练耳教科书《实用音准练习》，并以此为起点，对“体态律动”教学法进行实验和探索，直至1905年左右，初步建立了自己的音乐教育体系，从而引起瑞士音乐界的重视。1906年正式出版《达尔克罗兹体态律动教学法》，该书的问世在当时产生了巨大的反响。1910年开始，他的教学法逐渐在国内外推广，1913年在伦敦率先开办达尔克罗兹体态律动学校，之后在巴黎、柏林等地相继开办。1912—1930年除了传播教学理念外，达尔克罗兹还出版了《节奏、音乐和教育》等著作。他创立了20世纪最早的音乐教育体系，对后来的音乐教学法的形成与发展有着重要的影响。

达尔克罗兹音乐教育体系的理论核心是：音乐教育的根本目的是审美情感的教育，这种目标是通过儿童在音乐活动中不断获得积极情绪体验的过程来达到的。

达尔克罗兹音乐教育体系可分为体态律动、即兴创作、视唱练耳三个方面。“体态律动”这一学说的核心是音乐教育应从身心两方面同时入手去训练儿童，培养儿童，让儿童从刚开始接触音乐起，不仅学习用听觉去感受音乐，同时学习用整个肌肉和心灵去感受节奏疏密、旋律起伏、情绪变化的节律。体态律动不同于舞蹈，它是以身体作为乐器，通过身体动作，体验音乐节奏速度、力度、时值变化，以培养学生利用听觉获得轻松、协调自如的节奏感为目的。视唱练习训练身体、耳朵与语言歌唱结合起来，培养学生的音乐表现力。他认为“一切音乐教育都应当建立在听觉的基础上，而不是建立在模仿和数学运算的训练上”。

达尔克罗兹同样也是按照体态律动的思路来培养学生的即兴创作能力的。把体态律动、视唱练耳中获得的音乐能力迁移应用于各种学习内容中，充分发挥学生的创造力，主要形式有即兴演奏、即兴演唱、即兴问答、即兴指挥与表演等。

二、柯达伊音乐教育体系

佐尔坦·柯达伊是匈牙利作曲家、民族音乐家、音乐教育家，少年时期学习多种乐器，如小提琴、钢琴、大提琴等。高中毕业后，柯达伊进入布达佩斯的李斯特音乐学院学习作曲和指挥，1904年获得作曲专业的文凭，1905年获得德文教师资格证书，1906年获哲学博士学位，1907到1940担任李斯特音乐学院作曲专业的教师，在20世纪初开始关注青少年音乐教育，在实践过程中建立了柯达伊音乐教育体系。

下面是柯达伊音乐教育体系的基本观点。

（1）音乐教育要从幼儿园开始。

柯达伊倡导“音乐教育要及早开始”，认为3～7岁是受音乐教育最重要的阶段，认为幼儿园能够为儿童提供一个集体创造音乐的环境，所以音乐教育应该从幼儿园开始。

（2）歌唱是音乐教育的基础。

他认为只有以歌唱为基础的教育形式才能使音乐惠及每一个儿童，因为器乐毕竟只是少数人的事。

（3）以“儿童自然发展法”作为课程进度安排的主要依据。

他突破了传统的不够合理的编排顺序，提出了“儿童自然发展法”，即根据正常儿童在其成长的各个时期中的能力来编排课程的顺序。

（4）以首调唱名法、节奏—时值音节读法和柯科尔文手势作为主要的教学工具。

首调唱名法即在视唱时，一个特点的音阶无论移到哪一个调中，各级音阶的唱名都不变化。

节奏—时值音节读法包含了一种特定的记谱法和读法。这种方法是法国人约瑟夫·契夫在19世纪发明的。即在记谱时只记符干，在读谱时使用特定的音节来代表特定的时值和时值组合。

柯尔文手势是英国人约翰·柯尔文首创的，包括七种不同的姿势，各代表音阶中固定的某一唱名，通过在空间中所处的直观形象化的不同高低位置，帮助儿童通过视觉感受加深对音程空间感及各音之间高低关系的理解。

（5）好的音乐才可以作为音乐教材。

柯达伊认为只有最好的才最适合儿童，最优秀的才应该给儿童，民族的也是最好的。柯达伊强调音乐教育首先要牢固建立在本民族的音乐基础上，认为给儿童所用的教材只能来自三个方面，即真正的儿歌、真正的民间音乐、优秀的创作音乐。

三、奥尔夫音乐教育体系

卡尔·奥尔夫是德国作曲家和音乐教育家，1914年毕业于慕尼黑音乐学院，1915—1919年在歌剧院任职，1920年起定居慕尼黑从事创作与教学，1924年与友人军特合作，在慕尼黑创办了“军特学校”，以成人为教育对象开始了他作为音乐教育家的生涯。奥尔夫负责所有的音乐课程，开始尝试在音乐训练中将节奏作为基础要素，并与舞蹈、语言相结合，使之成为一种完整的音乐表达形式，从而进行音乐教学。1930—1935年奥尔夫完成了5卷本《学校音乐》教材的写作，并开始对儿童音乐教育发生兴趣。1948年奥尔夫在慕尼黑拜耶州广播电台举办儿童音乐节目。奥尔夫乐器的演奏引起了大批儿童和音乐教育工作者的兴趣。1950—1954年间，奥尔夫的5卷本《学校音乐》教材正式出版。1961年，奥地利萨尔茨堡莫扎特音乐学院建立了奥尔夫研究所，随后又在研究所的基础上成立了奥尔夫学院。在这里传播奥尔夫音乐教育思想，交流教育研究信息，从此他的音乐教育体系从西方流传到东方，遍及世界各国。

奥尔夫音乐教育体系的核心思想是“原本性”。他曾这样描述，“原本的音乐绝不是单纯的音乐，它是和动作、舞蹈、语言紧密结合在一起的一种音乐，是一种人们必须自己

参与的音乐，即人们不是作为听众，而是作为演奏者参与其中”。综上我们可以把“原本性音乐教育”的内涵理解为它是融音乐、舞蹈、语言为一体的综合艺术教育，是强调即兴的创造性音乐教育。原本性音乐教育是实践活动，是本土的音乐教育，是面向全体儿童的音乐教育。

奥尔夫音乐体系课程内容主要包括嗓音造型、动作造型和声音造型三个方面。嗓音造型包括歌唱活动和节奏朗诵活动。节奏朗诵活动的内容除了童谣、游戏、儿歌、儿童诗以外，还可以是词组、词或无意义音节。动作造型包括律动、舞蹈、戏剧表演、指挥和声势活动。声势活动是一种用简单而原始的身体动作发出各种有节奏声音的活动。声音造型即指乐器演奏活动，主张运用各种乐器及能发出声音的物体等，让儿童通过奏乐的方式，对音乐世界进行全面探索、全面享受。以上全部的课程内容中，节奏是学习最基本、最重要的内容。

奥尔夫音乐体系的教学方法主要是“引导创作法”，指通过教师的启发、引导帮助儿童进行集体创作，在不断创新中获得新生命。

奥尔夫音乐体系的独特教学工具是奥尔夫乐器，奥尔夫乐器从理论上讲指一切具有原始乐器特征的、可用简单的大肌肉动作来演奏的、易于儿童掌握的乐器，也包括一些被当作乐器来演奏的普通物体；从狭义上说，特指那些由奥尔夫机构和工厂研究出来的乐器，可分为有固定音高的音条乐器和无固定音高的打击乐器。

附录 2　幼儿音乐能力发展阶段与特点

幼儿音乐能力发展阶段与特点见表 1。

表 1　幼儿音乐能力发展阶段与特点

音乐活动	发展阶段		
	小班	中班	大班
歌唱活动	①音域在c1 ～ g1，能用正确的姿势、自然的声音歌唱。 ②能分句歌唱，吐字基本清楚、节奏基本正确，基本可以唱准曲调。 ③能参与合唱，能初步进行小组接唱、对唱。 ④能跟随伴奏独立地、基本完整地演唱熟悉的歌曲。 ⑤能初步理解和表现歌曲的形象、内容和情感。 ⑥在教师的帮助下能够为短小、工整、多重复的简单歌曲增编新的歌词。 ⑦知道不能长时间地大声歌唱。 ⑧能够唱一定数量的歌曲。	①音域在 c1 ～ a1，能用正确的姿势、自然的声音歌唱。 ②能分句歌唱，吐字基本清楚、节奏基本正确，能跟随伴奏唱准曲调。 ③能参与合唱，能初步进行独立的接唱、对唱。 ④能在歌唱过程中等待和正确地表现歌曲的前奏、间奏和尾奏。 ⑤能用不同的速度、力度、音色变化来表现歌曲的形象、内容和情感，能唱出 2/4 拍和 3/4 拍歌曲的不同节拍感。 ⑥能够为短小、工整、多重复的简单歌曲增编新的歌词，并能较独立地将新编的歌词填入曲调并唱出。 ⑦知道不能在剧烈运动后歌唱。 ⑧能够唱一定数量的歌曲。	①音域在 c1 ～ a1，能用正确的姿势、自然美好的声音歌唱。 ②基本上能在没有伴奏的情况下独立地歌唱，并能熟悉歌曲的节奏、旋律和歌词。 ③能够根据不同的合作歌唱要求控制、调节自己的歌声，初步学会领唱与齐唱、两声部轮唱、简单的两声部合唱等歌唱表演形式。在集体歌唱活动中能够产生初步的默契感。 ④能用不同的速度、力度和音色变化来表现歌曲的形象、内容和情感，能唱出 2/4 拍和 3/4 拍歌曲的不同节拍感，能初步用不同的唱法来表现歌曲的不同意境。 ⑤能够演唱弱起的乐句，能较恰当地表现乐曲的起止、首句重音、词意重音和衬字、衬词。 ⑥能够为短小、工整、多重复的简单歌曲增编新词，能基本独立地即兴编填新词并即兴唱出。 ⑦既能够独立歌唱也能够在集体中歌唱，还能够用不同的合作表演形式歌唱。 ⑧知道不能在空气污浊等情况下歌唱。 ⑨学会唱一定数量的歌曲。

续 表

音乐活动	发展阶段		
	小班	中班	大班
韵律活动	①基本上能按照音乐的节奏做上肢或下肢的简单基本动作和模仿动作。 ②基本上能随音乐变化改变动作（包括变换曲调或在曲调不变的情况下明显地改变力度、速度等）。 ③初步学习用手、脚等简单身体动作表现歌曲或乐曲的前奏、乐段的开始和结束部分，以及有关的形象、内容、情感（其中包括韵律动作和指挥动作）。 ④学习一些由二分音符、四分音符、八分音符构成的简单节奏型，并学习用自己想出的简单动作带有创造性地表现这些节奏型。 ⑤积累一些简单的模仿动作和基本动作，学会一些简单的集体舞。 ⑥初步了解道具在韵律动作表演中的作用，喜欢在动作表演活动中使用简单的道具。 ⑦在没有队形规定的情况下能够自己选择便于活动的空间，在空间中移动时能够不与他人碰撞。 ⑧能进行初步指挥，并体验用表情、动作、姿态与人沟通的方法和乐趣。	①能够按音乐的节奏做简单的上、下肢联合的基本动作、模仿动作和舞蹈动作。 ②能随音乐变化改变动作（包括变换曲调或在曲调不变的情况下改变力度、速度、音区和节拍等）。 ③学习用手、脚及其他简单身体动作表现歌曲或乐曲的前奏、间奏、尾奏和乐段、乐句的开始和结束部分，以及有关的形象、内容、情感（其中包括韵律动作和指挥动作）。 ④学习一些创造性地改变熟悉的节奏型的方法，并学会用自己想出的简单动作创造性地表现这些节奏型（所学节奏型仍主要由二分、四分、八分音符构成）。 ⑤进一步积累一些稍复杂的模仿动作，学会一些基本的舞蹈动作和集体舞，初步了解一些创编韵律动作组合的规律。 ⑥进一步了解各种不同道具的特点，能够在动作表演中比较熟练地使用一些简单的道具。 ⑦在没有合作要求的情况下能够根据现有空间情况随时调节自己的活动；在有合作要求的情况下能够同时兼顾合作伙伴和其他人的状况以调节自己的活动。 ⑧能进一步体验指挥的乐趣，进一步提高从事指挥活动的自信心，进一步增强运用表情、动作、姿态与人沟通的能力。	①能够比较准确地按音乐的节奏做各种稍复杂的基本动作、模仿动作和舞蹈动作组合。 ②能随音乐的变化较迅速地改变动作（包括变换曲调或在曲调不变的情况下改变其力度、速度、音区、节拍、节奏型等）。 ③进一步学习用各种简单的身体动作组合表现歌曲或乐曲的前奏、间奏、尾奏，乐段、乐句的起止和重复变化，以及有关的形象、内容、情感（其中包括韵律动作和指挥动作）。 ④学习一些由二分、四分、八分音符为主构成的稍复杂的节奏型，并学会创造新节奏型和创造性地表现熟悉节奏型的方法。 ⑤进一步丰富舞蹈动作语汇，进一步了解创编韵律动作组合的规律，学会跳一些含有创造性成分的稍复杂的集体舞。 ⑥能够了解更多的不同道具在不同动作表演中的作用，喜欢带有创造性地为不同的韵律活动选择不同的道具，并能较熟练地使用这些道具。 ⑦能够使用已掌握的空间知识带有创造性地进行动作表演，能够在有更多人参加的合作表演中较好地解决空间分配问题。 ⑧能独立地和创造性地从事指挥活动，更积极、熟练地运用表情、动作、姿态与人沟通。

续　表

音乐活动	发展阶段		
	小班	中班	大班
打击乐活动	①学习几种打击乐器的基本奏法（如串铃、铃鼓、有硬把的碰铃、鼓等可用臂的大肌肉动作演奏的乐器），学会用适中的力量演奏。 ②了解乐器的名称并初步学习辨别其音色特征，在教师指导下初步体会创造性变化演奏方案的乐趣。 ③能独立随熟悉的歌曲或乐曲有节奏地演奏，能在集体中合拍地随简单歌曲或乐曲齐奏。 ④初步学会根据指挥手势开始和结束演奏。 ⑤喜欢演奏打击乐器，喜欢参与集体的演奏活动。 ⑥了解打击乐器演奏活动中必须遵守的基本规则——如何取放乐器、如何根据指挥的要求进行演奏、活动过程中不得随便玩弄乐器等。 ⑦在教师的指导下集体发放、收取和分类收藏乐器，了解爱护乐器的一般知识。 ⑧学会演奏一定数量的打击乐曲。	①进一步学习一些打击乐器的基本奏法（如小钹、圆弧响板、吊钹、沙球等），探索和熟悉乐器的不同奏法，学会追求适中的音量和美好的音色。 ②了解乐器的名称并基本学会辨别其音色特征，初步体会各种演奏方案中音色配置的对比规律，在教师的指导下初步尝试集体设计演奏方案。 ③能独立使用某一种固定节奏型随熟悉的歌曲或乐曲演奏，能在集体的齐奏或合奏中始终保持自己的演奏速度和节奏型。 ④进一步学会看指挥开始、结束和变化演奏。 ⑤喜欢随音乐演奏打击乐器，积极参与集体讨论演奏方案的活动。 ⑥能比较自觉地遵守打击乐器演奏活动的基本规则，初步养成集中注意力看指挥和对指挥的要求做出积极反应的习惯。 ⑦能较熟练地按照已有规则发放、收取和分类收藏乐器，养成爱护乐器的态度和习惯。 ⑧学会演奏一定数量的打击乐曲。	①进一步学习更多种类的打击乐器的基本演奏方法（如木鱼、双响筒、三角铁等需用腕、指等小肌肉动作演奏的乐器），进一步学习探索同一种乐器的不同奏法。学会追求音色、音量的表现力。 ②了解乐器名称并能辨别其音色特征，学会探索音色的分类并在教师的指导下学习制作简单的打击乐器，初步体会各种演奏方案中音色、音量和节奏型配置的表现规律，初步学会独立地设计演奏方案。 ③能独立使用一种以上固定节奏型随熟悉歌曲或乐曲演奏，能在集体齐奏或合奏中始终保持自己的声部，并能有意识地努力在音色、音量和表情上与集体形成默契。 ④能按指挥的手势比较迅速、正确地做出反应。 ⑤喜欢随音乐演奏打击乐器，积极参与展示自己设计的演奏方案的活动。 ⑥初步形成积极追求和维护有秩序的集体演奏活动的意识，并能从中获取愉快的体验。 ⑦形成乐器发放、收取、分类收藏的值日生制度，养成对集体和乐器负责的积极情感。 ⑧学会演奏一定数量的打击乐曲。

续　表

音乐活动	发展阶段		
	小班	中班	大班
欣赏活动	①能初步感受性质鲜明而结构短小的歌曲和有标题的器乐曲的形象、内容、情感，并能在感受过程中产生较积极的外部反应。 ②初步了解进行曲、摇篮曲、舞曲和劳动音乐的特征。 ③在有对比的情况下能分辨差异明显的音的高低、快慢、强弱，能分辨音乐中的拍子，能听出歌曲、乐曲的前奏及开始和结束部分。 ④能够通过倾听认识周围环境中各种事物的形态、声音和运动状态，也能用自己的体态、嗓音和动作来表现它们。 ⑤能够倾听、观赏他人表演的音乐、舞蹈，并进行模仿。 ⑥初步注意音乐、舞蹈、文学、美术怎样反映周围熟悉的事物，初步注意不同艺术形式在反映现实事物时的共同性和差异性。 ⑦能够在短时间内集中注意力倾听或观看自己所喜欢的音乐舞蹈表演。 ⑧欣赏一定数量的音乐、舞蹈作品。	①能感受性质鲜明而结构短小的歌曲和器乐曲的形象、内容、情感，并能在感受过程中产生一定的想象、联想和积极的外部反应。 ②在进一步了解进行曲、摇篮曲、舞曲、劳动音乐的基础上了解其名称并学会描述其特征。 ③在有对比的情况下能分辨差异较明显的音的高低、快慢、强弱，能正确区分二拍子和三拍子的音乐，初步掌握前奏、间奏、尾奏，以及乐段、乐句的开始和结束部分，初步知道什么是音乐结构中的重复。 ④能够通过倾听认识周围环境中各种事物的形态、声音和运动状态，并能用音乐舞蹈表演的方式带有创造性地表现它们。 ⑤能够倾听、观赏他人表演的音乐、舞蹈，也喜欢参与并开始注意并模仿这些表演方式中使自己感兴趣的部分。 ⑥能初步用不同的艺术手段来表现欣赏音乐、舞蹈作品的感受，初步学习如何从音乐、舞蹈欣赏中获取各种艺术和非艺术的经验。 ⑦能够在一定时间内比较集中注意地倾听、观看音乐、舞蹈表演。 ⑧欣赏一定数量的音乐、舞蹈作品，并能够在一定程度上再现欣赏过的作品片段。	①能较准确地感受性质鲜明而结构适中的器乐曲和稍复杂的艺术歌曲的形象、内容、情感，并能在感受过程中产生较丰富的想象、联想和积极而富有个性的外部反应。 ②在扩大接触作品数量的基础上进一步深化对进行曲、摇篮曲、舞曲、劳动音乐的认识。 ③能对歌曲、乐曲的音区、速度、力度、节拍等的性质和变化做出直接判断，进一步掌握音乐的结构，能分辨乐段、乐句中明显的重复与变化的关系。 ④能够通过倾听认识周围环境中各种事物的形态、声音和运动状态，并能用音乐、舞蹈表演的方式带有创造性地表现它们。 ⑤能够倾听、观赏他人表演的音乐、舞蹈，参与并注意吸收其中使自己感兴趣的部分，也喜欢与他人谈论自己的看法。 ⑥能比较自信地使用不同的艺术手段来表达欣赏音乐、舞蹈作品的感受，能比较自觉地从音乐和舞蹈欣赏中获取各种艺术和非艺术的经验。 ⑦初步养成有注意、情感参与的安静倾听、观赏音乐和舞蹈表演的习惯。 ⑧欣赏一定数量的音乐、舞蹈作品，并能够在一定程度上再现欣赏过的作品。